LES HOMMES
DE
LA COMMUNE

Biographie Complète

DE

TOUS SES MEMBRES

PAR

JULES CLÈRE

QUATRIÈME ÉDITION

Revue et augmentée

PARIS

E. DENTU, LIBRAIRE-ÉDITEUR

PALAIS-ROYAL, 17-19, GALERIE D'ORLÉANS

1874

LES HOMMES

DE

LA COMMUNE

PARIS

IMPRIMERIE BALITOUT, QUESTROY ET Ce
7, rue Baillif et rue de Valois, 18

F. PYAT
DELECLUSE
CLUSERET.
RAOUL RIGAULT.
G. COURBET

LES HOMMES
DE
LA COMMUNE

Biographie Complète
DE
TOUS SES MEMBRES

PAR

JULES CLÈRE

QUATRIÈME ÉDITION

Revue et augmentée

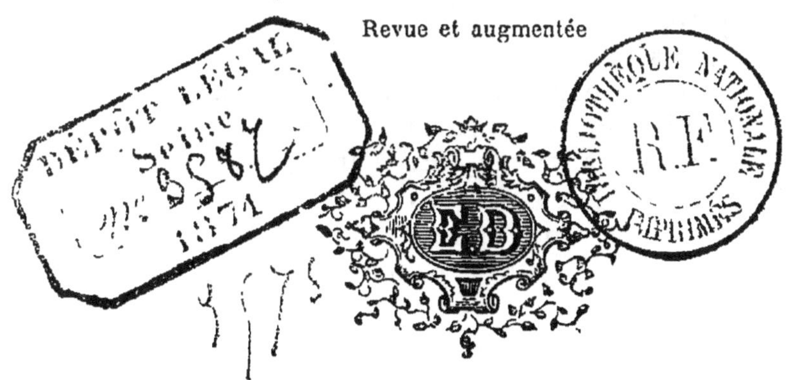

PARIS
E. DENTU, LIBRAIRE-ÉDITEUR
PALAIS-ROYAL, 17-19, GALERIE D'ORLÉANS

1871

PRÉFACE

Ces biographies étaient terminées pour la plupart quand est survenu le dénoûment que nous avions toujours prévu. La Commune qui faisait peser depuis plus de deux mois sur la capitale un despotisme aussi cruel que stupide, la Commune a été vaincue par l'armée de Versailles. La lutte a duré huit jours, elle a été vive en maint endroit, mais force est restée au gouvernement régulier qui a repris le pouvoir.

Ces combats sanglants dans Paris, nous les avions prévus, mais ce que nous n'aurions jamais pu supposer, quelque grandes que fussent nos craintes sur les malheurs d'une pareille lutte, c'est que la Commune se fût vengée de sa défaite sur des gens inoffensifs, sur des monuments, sur des maisons particulières.

Il n'est maintenant que trop prouvé que les incendies qui ont dévasté plusieurs quartiers de Paris et qui ont brûlé plusieurs édifices publics, sont l'œuvre froide et raisonnée du Comité de salut public qui les a ordonnés quand il s'est vu vaincu, et alors qu'il ne lui restait plus aucun espoir de prolonger une résistance devenue désormais impossible.

Si nous avions écrit ces biographies sous l'impression de ces actes de sauvagerie, nous aurions certainement modifié d'une façon notable notre jugement sur des hommes qui se sont associés à de pareils crimes ou qui ont continué de défendre un parti qui employait de pareilles armes et frappait non ses ennemis, mais toute une population inoffensive, dans sa vie, dans ses propriétés et dans ses biens.

Nous ignorons encore jusqu'à quel point les membres de la Commune se sont rendus complices des crimes du Comité de salut public, et nous rappellerons qu'une fraction de cette assemblée a protesté par avance contre les agissements de ce Comité dictateur dans une déclaration qu'il fallait un certain courage pour signer à ce moment.

Ces biographies devaient paraître sous la Commune; les circonstances en ont retardé la publication, mais nous les avons laissées telles qu'elles avaient été écrites à cette époque, nous contentant de les compléter en quelques lignes. Nous n'avons pas voulu les modifier, et nous avons maintenu le jugement impartial que nous avions porté sur les membres de la Commune lorsqu'ils étaient maîtres absolus de Paris. Nous n'avons, du reste, consigné dans ces biographies que des faits dont nous étions sûr, préférant rester en deçà qu'aller au-delà de la vérité dans une œuvre aussi délicate que celle que nous avons entreprise.

Juin 1871.

LES ÉLECTIONS

La révolution du 18 mars est un des événements les plus étranges qu'on puisse rencontrer dans la vie d'un peuple, c'est un fait unique dans l'histoire. Après une invasion qui avait duré huit mois et une occupation militaire qui n'a pas encore cessé aujourd'hui, après un traité de paix aussi triste que celui que venait de signer le chef du pouvoir exécutif, nous pouvions espérer jouir du calme et de la paix après lesquels nous aspirions pour refaire nos forces épuisées et relever nos finances. Il n'en a pas été ainsi. A la guerre étrangère a succédé la guerre civile, et par un entêtement criminel le conflit a dégénéré entre Paris et Versailles en combats plus sanglants qu'on n'en a jamais vus entre deux ennemis les plus acharnés.

Nous relaterons tout au long, dans un ouvrage complet que nous publierons prochainement, sous le titre d'**Histoire de la Commune de Paris** (1871), les causes qui ont enfanté cette révolution faite par des hommes pour la plupart incapables ou déshonnêtes. Nous voulons raconter seulement, pour servir de préface à ces biographies, l'origine des pouvoirs qui se sont succédé dans le gouvernement de Paris à commencer par le Comité central pour finir avec la Commune.

Le Comité central de la fédération de la garde nationale était le produit d'élections à plusieurs degrés et avait été nommé dans le but d'établir une étroite solidarité entre les divers bataillons de la garde nationale. Il sortit bientôt de son rôle purement militaire dès qu'il se sentit une force sérieuse entre les mains, et qu'il eut en sa possession cette formidable artillerie dont le gouvernement essaya vainement de s'emparer le 18 mars.

Le 18 mars, le Comité central, grâce à la désertion de plusieurs bataillons de ligne, le 88e entre autres, fut vainqueur dans sa lutte contre le gouvernement, qui se réfugia à Versailles, et il se trouva dès cette époque maître absolu de Paris.

Voici quelle était la composition du Comité central de la fédération de la garde nationale qui tint entre ses mains le pouvoir du 18 au 28 mars : *A. Arnaud, G. Arnold, Assi,* Andignoux, Boust, *J. Bergeret, Babick,* Boursier, Baron, *Billioray, Blanchet,* Castioni, Chouteau, *C. Du-*

pont, Ferrat, *H. Fortuné,* Fabre, Fougeret, Gaudier, Gouhier, *Geresme,* Grollard, Josselin, *Jourde,* Lisbonne, Lavalette, Lullier, Maljournal, Moreau, *Mortier,* Prud'homme, Rousseau, *Ranvier, Viard* (1).

Le Comité central avait déclaré le lendemain de sa victoire, qu'il allait appeler immédiatement les électeurs à nommer une *Commune,* et, le 26 mars, les élections eurent lieu dans Paris.

Dès que les élections eurent constitué une Commune, le Comité central disparut en tant que pouvoir politique pour ne plus représenter que la fédération *militaire* de la garde nationale. Mais un conflit latent exista toujours entre ces deux pouvoirs rivaux, la Commune et le Comité central.

C'est de cette Commune issue des élections du 26 mars dont nous allons parler, ce sont les membres qui la composaient dont nous allons tracer le portrait et donner la biographie. Parmi les membres de la Commune, quelques-uns sont célèbres par leurs luttes contre l'empire, la plupart sont des inconnus et il ne faut pas s'étonner si nous n'avons pu donner sur quelques-uns d'entre eux que des renseignements incom-

(1) Les noms en italiques sont ceux des membres du Comité central qui ont été élus membres de la Commune.

plets, qu'il nous a encore été bien difficile de nous procurer.

C'est le 28 mars que le Comité central remit officiellement ses pouvoirs entre les mains des représentants élus de la Commune. Cette cérémonie se fit avec un certain apparat.

Une estrade était disposée devant l'entrée du palais municipal, au-dessous de la statue de Henri IV. Ce *souvenir monarchique,* dit le *Siècle,* était caché par un voile rouge sur lequel ressortait un buste de la République, muni d'une écharpe rouge et entouré de drapeaux rouges.

Sur le premier plan de l'estrade, était une longue table carrée devant laquelle prirent place quelques membres du Comité, qui en habit civil, qui en officiers de la garde nationale, mais tous se distinguant par une écharpe rouge. Derrière cette table, se tenait une foule nombreuse de citoyens privilégiés.

A quatre heures, la place présentait un aspect vraiment pittoresque.

Les porte-drapeaux se rangèrent de part et d'autre de l'estrade.

Les canons qui étaient placés sur le quai de Grève ouvrirent la séance par des salves répétées suivies d'applaudissements et de cris de Vive la Commune ! Vive la République !

A un certain moment, tous les gardes nationaux mirent leurs képis sur la baïonnette, et levèrent leurs fusils en l'air.

Un coup de sonnette du président du bureau, M. Ranvier, nous a-t-on dit, a ouvert la séance. Un membre du Comité lut la liste publiée à l'*Officiel* du matin.

Cette lecture fut suivie de deux discours prononcés par des membres du Comité et qui furent accueillis par les cris de : Vive la Commune !

De temps à autre, une musique militaire placée au bas de l'estrade jouait la *Marseillaise,* le *Chant du Départ* et les *Girondins,* que la foule reprenait en chœur.

Les discours furent suivis d'autres salves d'artillerie ; puis les bataillons massés sur la place de l'Hôtel-de-Ville défilèrent devant l'estrade au cri de : Vive la Commune !

La Commune était installée et allait prendre en main le pouvoir.

La Commune se réunit dès le 28 sous la présidence de son doyen d'âge, M. Ch. Beslay, et décida qu'elle n'aurait pas de président fixe, mais seulement un président nommé à chaque séance et assisté de deux d'abord, puis ensuite d'un seul assesseur.

Elle s'occupa, dans une de ses premières séances, de la validation des élections qu'elle admit toutes sans exception, même celle d'un étranger, Frankel, et celles des membres qui n'avaient réuni qu'un nombre de voix inférieur au huitième, quotité que la Commune avait déclaré nécessaire pour la validation des élections. Elle se divisa ensuite en dix Commissions dans lesquelles furent répartis les membres de l'assemblée.

Le 16 avril eurent lieu les élections complémentaires de la Commune. Plusieurs membres avaient donné leur démission pour des raisons et à des moments divers (1), d'autres étaient absents, d'autres enfin avaient été nommés dans plusieurs arrondissements. Le rapport conclut à l'adoption des élections complémentaires dans lesquelles les membres avaient réuni la majorité absolue des votants; mais malgré la décision de l'assemblée, plusieurs élus refusèrent d'accepter un mandat qu'ils ne tenaient que d'un si petit nombre d'électeurs, et la Commune ne jugea pas bon de convoquer une troisième fois les électeurs de ces arrondissements.

Voici quels étaient les insignes qui distinguaient les membres du Comité central et les membres de la Commune :

Les membres du Comité central avaient une écharpe rouge à franges d'argent et portaient une décoration ayant la forme d'un triangle, attachée à un ruban rouge et noir.

(1) Voir l'Appendice pour les membres démissionnaires.

Les membres de la Commune portaient à la boutonnière une rosette rouge sur un ruban de même couleur garni de franges d'or.

L'écharpe était la même que celle des membres du Comité, mais elle était ornée de glands d'or.

Les membres de la Commune recevaient une indemnité de quinze francs par jour.

Avant de passer à la biographie de chacun des membres de la Commune, disons que cette assemblée était composée en général non-seulement d'inconnus, ce qui à nos yeux serait loin d'être un reproche, mais, ce qui était plus grave, d'incapables. La lecture de ses séances a bien prouvé son peu d'intelligence politique et l'absence complète de ce calme si nécessaire dans les graves et délicates discussions comme celles que la Commune engagea si souvent.

La Révolution n'a pas trouvé dans la Commune un pouvoir pondérateur et organisateur, qui aurait pu maintenir le mouvement dans la voie des revendications républicaines et municipales.

La Commune, plutôt que de chercher à faire oublier son origine insurrectionnelle par des décrets sages et par une intelligente transaction, a préféré se perdre en discussions futiles, en mesures aussi inutiles qu'odieuses.

La condamnation de la Commune est dans son incapacité, et surtout dans la tyrannie qu'elle a fait peser pendant près de deux mois sur Paris. Elle n'a pas respecté les libertés pour la défense desquelles elle prétendait avoir pris les armes et n'a pas laissé passer un jour sans commettre ou laisser commettre des actes d'arbitraire et de violence qui auraient déshonoré la cause la plus juste.

LES HOMMES

DE

LA COMMUNE

ALLIX.

8e arrondissement. — 2,028 voix.

Allix (Jules) est une des physionomies les plus curieuses que nous ayons étudiées. Né le 9 septembre 1818, à Fontenay (Vendée), Allix se disait professeur; il enseignait, en effet, autrefois la lecture en quinze leçons et s'occupait de physique universelle. Allix était reconnaissable entre tous ses collègues par ses excentricités : il tenait continuellement à la main un lorgnon qu'il braquait, avec un aplomb imperturbable, sur ceux qui se trouvaient en face de lui. Il avait, de plus, la manie de vouloir toujours parler, et ses collègues essayaient en vain de le guérir de cette maladie, véritable calamité pour ceux qui étaient obligés de l'entendre.

Allix se porta, en 1848, candidat en Vendée pour l'Assemblée Constituante ; il défendait, dans sa circu-

1.

laire, la religion et la famille, mais il promettait de demander le *droit au travail,* et le radicalisme de ses opinions, peut-être d'autres raisons, l'empêchèrent d'être élu. Allix se donna alors tout entier à une invention dont il avait, paraît-il, trouvé le secret, et qui s'appelle le télégraphe *escargotique.* Ce mode de correspondance qu'Allix voulait substituer au télégraphe ordinaire, est assez grotesque pour mériter d'être raconté. Il fallait choisir des escargots sympathiques (?), et en mettant l'un d'eux sur la lettre d'un alphabet spécial, le second escargot se plaçait immédiatement sur la même lettre de l'alphabet correspondant. Cette invention, qui paraît avoir considérablement influé sur l'esprit de son auteur, et qui l'a conduit à Charenton, où il est resté quelque temps, cette invention trouva crédit auprès de M. Emile de Girardin, qui, pendant longtemps, tint en grande estimeM. Allix.

En 1853, Allix fut impliqué dans le complot de l'Hippodrome et de l'Opéra-Comique, et condamné à huit ans de bannissement, après l'admission de circonstances atténuantes. La tenue d'Allix dans ce procès, où presque tous les autres accusés eurent une contenance digne et fière, la défense que présenta son avocat, Me Didier, ne faisaient pas supposer qu'Allix eût jamais la prétention de devenir un homme politique. Son récent séjour dans une maison de santé d'où il est loin d'être sorti complétement guéri, n'était pas, du reste, une excellente recomman- dation auprès des électeurs.

Allix organisa, aumoment des éléctions de 1869, après sa sortie de Charenton, des conférences socialistes à Belleville, où il ne put réussir à se faire élire. Il fit partie du bureau qui soutint la candidature d'Althon-Shée, au gymnase Triat, avec une partialité et un manque de convenances vraiment monstrueux.

On aurait pu croire qu'Allix, orateur insipide des réunions publiques, était assez connu des électeurs pour qu'aucun ne voulût lui confier même le mandat de représentant à la Commune, mais Allix, qui s'était fait de son arrestation au 22 janvier un petit piédestal auprès du parti révolutionnaire, eut l'habileté de se porter candidat non à Belleville, mais dans un arrondissement où il était complétement inconnu, le 8e, qui lui a donné 2,028 voix!

Allix s'était installé à la mairie du 8e où il ne fit qu'organiser des gymnases de femmes. Il portait les insignes de chef de légion, grade auquel il s'était nommé lui-même. Plus myope que jamais, Allix regardait de plus près et plus insolemment qu'autrefois ses voisins; il était en outre dévoré d'une envie continuelle de parler qui n'avait d'égale que le désir de ses collègues de ne pas l'entendre.

Allix formula ainsi son vote en faveur du Comité de salut public : « Je vote pour, attendu que la Commune détruira le Comité de salut public quand elle le voudra. »

Le 10 mai, la Commune ordonna l'arrestation de M. Jules Allix; il s'agissait de l'interdire et d'empêcher sa folie de troubler, par de bizarres arrêtés municipaux, toute l'organisation d'un arrondissement.

Allix resta ainsi détenu presque jusqu'à la chûte de la Commune, ne cessant de protester contre l'arrestation dont il avait été l'objet, sans que ses collègues aient paru s'émouvoir de ses constantes récriminations. Relâché quelque temps avant l'entrée des troupes, Allix fut arrêté par ordre du gouvernement et réintégré à Charenton d'où il n'aurait jamais dû sortir.

AMOUROUX.

4e arrondissement. — 8,150 voix.

Amouroux (Charles) était un des plus jeunes et des plus populaires d'entre les membres de la Commune. Né le 24 décembre 1843 à Châlabre (Aude), Amouroux vint à Paris comme ouvrier chapelier et se mêla de bonne heure au mouvement politique et social auquel les ouvriers prenaient alors une part si active.

Les réunions publiques fournirent au jeune Amouroux l'occasion de se faire connaître et de se signaler par sa violente opposition au gouvernement et aux institutions sociales. Sa figure toute juvénile, son esprit ardent et audacieux, disons même fort présomptueux, en firent bientôt un des favoris des réunions publiques. Président ou assesseur de nombreuses réunions tenues à la *Jeune Gaule,* à la *Redoute* et à la *Salle Molière,* il se fit remarquer par ses résistances aux injonctions des commissaires de police et refusa plus d'une fois de dissoudre les assemblées malgré leurs ordres et leurs menaces. Orateur, il sut se gagner par la violence de son langage un public qui se paie plus de mots que d'idées.

Dès les premiers mois de l'année 1869 nous trouvons Amouroux discutant dans une réunion tenue salle de la *Jeune Gaule,* chez un certain Budaille, des sujets d'économie sociale, entre autres *la lutte de l'homme contre la nature et des moyens de la soutenir*. Au mois d'avril, Amouroux est déjà à Mazas et passe en jugement pour excitation à la haine et au mépris du gouvernement ; il est condamné à huit mois, réduits en appel à quatre mois de prison, qu'il passa à Sainte-Pélagie.

L'amnistie lui ouvrit les portes de la prison, mais il y rentra bientôt pour purger de nouvelles condamnations. En décembre 1869 il fut condamné pour excitation à la haine et au mépris du gouvernement et pour outrages à l'empereur à un mois de prison, puis pour contravention à la loi des réunions publiques à vingt jours d'emprisonnement. C'est en vertu de ces jugements qu'on l'arrêta au mois de janvier 1870 aux abords du Corps législatif.

Condamné de nouveau le 2 mars 1870, Amouroux s'enfuit à Bruxelles où il se lia avec des réfugiés politiques et des membres de l'Internationale.

Après la révolution du 4 septembre, Amouroux servit dans l'artillerie et fut nommé membre du Comité d'armement du 4e arrondissement, fonction dont il se démit après le 31 octobre. Il se montra depuis, en toute occasion, l'ennemi des hommes du gouvernement de la défense et se trouva tout naturellement désigné par ses antécédents révolutionnaires aux suffrages des partisans de la Commune.

Amouroux fut élu membre de la Commune par 8,150 voix dans le 4e arrondissement; il prit souvent la parole dans cette assemblée, et ses fonctions de secrétaire ne l'empêchèrent pas de se mêler à toutesles discussions. Amouroux vota pour la validation des élections à la majorité absolue, et demanda la suppression de tous les journaux sauf l'*Officiel*. Il avait des qualités d'activité qui pouvaient faire de lui un secrétaire utile à la Commune, mais il lui manquait l'instruction et l'intelligence politique qui étaient du reste des qualités peu communes parmi ses collègues.

Amouroux était à la fois secrétaire de la Commune et membre de la Commission des relations extérieures (21 avril). Il donna son vote au Comité de salut public « pour qu'il fasse, disait-il, exécuter les décrets de la Commune et pour qu'il prenne les mesures d'urgence. »

C'était un des esprits les plus étroits, l'un des membres les plus violents de la Commune.

Depuis l'entrée des troupes, on n'a pas entendu parler d'Amouroux qui, si l'on en croit les bruits les plus accrédités, aurait réussi à se dérober aux poursuites et serait refugié à l'étranger.

ANDRIEU.

1er arrondissement. — 1,736 voix.

Andrieu (Jules) est un homme d'une quarantaine d'années, c'était un des membres de la Commune que son instruction et ses connaissances spéciales en matière d'administration désignaient à un poste important. Ancien comptable, devenu professeur libre, Andrieu collabora à plusieurs journaux du quartier latin et écrivit un livre remarquable sur l'*Histoire du Moyen-Age,* publié dans la Bibliothèque populaire de l'École mutuelle.

Andrieu est borgne, c'est un gros homme aux allures bourgeoises, pleines de bonhomie et de simplicité; qui était sous l'Empire et sous le gouvernement du 4 septembre employé à l'Hôtel-de-Ville. Son ambition seule l'a jeté dans l'Internationale où il s'était mêlé au mouvement enseignant de cette association. Il recueillit les fruits de sa propagande en recevant le mandat de conseiller communal à la place de M. Barré qui, ainsi que toute la municipalité du 1er arrondissement, refusa de siéger à la Commune.

Andrieu en vrai pédagogue, montra une vive passion pour la réglementation et l'administration. Son long séjour dans les bureaux lui avait donné l'amour de la bureaucratie et il demanda à la Commune de créer une commission d'administration, absolument comme en 1848 Jules Simon demandait la fondation d'une école de ce genre. Fondez donc des pépinières de fonctionnaires, comme si cette race pouvait se perdre en France, ce pays du fonctionnarisme !

Andrieu fut nommé par la Commune délégué unique aux travaux publics, c'est en cette qualité qu'il fit partie de la seconde Commission exécutive.

Il signa la protestation formulée par plusieurs membres de la Commune contre le Comité de salut public, et se distingua dans toutes les occasions comme un des membres les plus modérés de l'assemblée. Andrieu a réussi à se sauver et a gagné l'Angleterre.

ARNAUD.

3e arrondissement. — 8,679 voix.

Antoine Arnaud, membre du Comité de salut public, est un ancien employé de chemins de fer qui a fait dans le journal la *Marseillaise* une campagne assez remarquée contre les administrations auxquelles il avait appartenu, et dont il était ainsi plus à même de dévoiler les mystères. C'est un homme d'environ quarante-cinq ans dont le regard, voilé par d'épaisses lunettes, ne trahit pas la pensée. Froid, impassible, il cachait sous ces dehors calmes l'esprit le plus ardent et le fanatisme le plus aveugle pour les mesures révolutionnaires.

Arnaud était un des membres les plus estimés dans l'Internationale, il y jouissait d'une grande réputation d'énergie. Depuis le 4 septembre, c'était l'âme de l'Internationale, puis du Comité central, dont il faisait partie au 18 mars. Nommé membre de la Commune, il vota silencieusement, sans phrases, les motions les plus violentes. C'est à ce titre qu'il dut probablement d'avoir été élu le premier sur la liste des membres du Comité de salut public par trente-trois voix.

Ant. Arnaud, délégué au ministère de l'intérieur par le Comité central, faisait d'abord partie de la Commission des relations extérieures ; il fut ensuite choisi par la Commune comme membre de la Commission des services publics, et enfin nommé membre du Comité de salut public.

A. Arnaud vota pour la validation des élections complémentaires et pour la création d'un Comité de salut public.

Au physique, Arnaud est de taille moyenne, il porte toute sa barbe et met des lunettes. L'ensemble de sa personne est réservé; il a la mine d'un conspirateur.

Ant. Arnaud exerçait une assez grande influence sur ses collègues; son silence même leur en imposait, et plus d'un crut qu'il y avait dans le taciturne Arnaud l'étoffe d'un homme politique. Il rêvait de vastes idées et était possédé de la manie des relations extérieures. Il était persuadé que le délégué à ce service aurait pu faire beaucoup en s'adressant aux autres nations, car il ne pouvait croire à l'étouffement du mouvement révolutionnaire dans Paris.

Ant. Arnaud est un de ces hommes sur lesquels il est très-difficile de porter un jugement, parce qu'ils ne fournissent jamais les moyens de les connaître. On vit bientôt cependant que ce n'était qu'un ambitieux capable de tout comme les fanatiques. Son rôle au Comité de salut public, dont il fut réélu membre, prouva son incapacité.

Antoine Arnaud était avec Amouroux secrétaire de la Commune.

Comme trait particulier, c'était un magnétiseur convaincu, c'est ce qui lui donnait cet air sombre et mystique qui intriguait tous ceux qui l'ont approché.

Antoine Arnaud est un des derniers membres de la Commune dont on ait pu constater la présence dans les combats livrés à Belleville, le dernier refuge des fédérés. Il a depuis disparu sans qu'on ait pu savoir au juste s'il est encore en France ou s'il a réussi comme beaucoup de ses anciens collègues à gagner l'étranger.

ARNOLD.

18e arrondissement. — 5,402 voix.

G. Arnold est un homme de trente-deux ans; il est grand, mince et portait avec désinvolture l'uniforme de commandant du 64e bataillon. C'était un des membres les plus actifs du Comité central, un des combattants de la butte Montmartre, un de ceux qui ont assuré le triomphe de la Révolution du 18 mars.

Arnold est originaire du département du Nord; il étudia le dessin à l'Ecole des beaux-arts de Lille. Après avoir échoué pour le grand prix de Rome dans la section d'architecture, il obtint une place de sous-inspecteur des travaux de la ville de Paris. Ses camarades d'atelier n'ont pas conservé de lui d'excellents souvenirs; son ton sec et cassant blessa plus d'une fois ceux qui le fréquentaient.

Au moment de la guerre, Arnold était architecte, et quand on forma la garde nationale il fut élu sergent-major, grade qu'il conserva pendant toute la durée du siége.

Arnold était doué d'une vive intelligence, qu'il mit au service d'une ambition démesurée. Il fréquenta pendant la guerre les clubs et les réunions, dans lesquels on attaquait avec beaucoup de violence le gouvernement du 4 septembre et la capitulation. Il se trouvait ainsi désigné pour recueillir la succession de ceux qu'il contribua à renverser le 18 mars. Arnold était alors commandant du 64e bataillon et membre du Comité central, qui lui confia la défense de la Butte.

Ce fut Arnold qui signa, avec Ranvier, la convention intervenue entre le Comité central et les maires de Paris pour les élections de la Commune.

Arnold, qui était resté l'un des chefs du Comité central, fut, aux élections complémentaires du 16 avril, porté avec Cluseret, par le Comité, dans le 18e arrondissement, contre les candidats socialistes Jaclard et Regnard.

Il fut élu grâce à la prépondérance de l'esprit militaire dans cet arrondissement; et après son élection à la Commune, il chercha à ressaisir au profit du Comité central la direction des opérations militaires.

Nommé membre de la Commission de la guerre, Arnold réussit, après l'arrestation de Cluseret, à soumettre son successeur Rossel au contrôle du Comité, avec lequel il dut partager ses pouvoirs. Cette victoire du Comité central fut certainement l'œuvre de l'esprit inventif et intrigant d'Arnold.

Ce nouveau venu dans la scène politique y arriva avec des qualités et des défauts peu communs. Hautain, arrogant dans ses rapports, même avec ses collègues, il crut suppléer à l'absence d'études politiques et sociales par des intrigues dans lesquelles il fit preuve de beaucoup d'habileté. C'était un ennemi dangereux pour ceux auxquels il s'attaquait, et un ami redoutable pour ceux avec lesquels il jugeait bon de s'unir un moment. La Commune ne sembla pas avoir beaucoup de sympathie pour cet homme, dont elle ne connaissait guère le passé et dont elle redoutait probablement l'ambition.

Arnold qui avait réussi assez longtemps à se cacher, a été arrêté un des derniers jours du mois de juillet dans une maison du village de Sèvres, aux environs de Paris.

ARTHUR ARNOULD.

4e arrondissement. — 8,608 voix.

Le nom d'Arthur Arnould est connu dans la presse; ses campagnes dans la *Marseillaise* contre l'Empire l'ont rendu populaire. C'est un homme intelligent, à l'œil vif, au front élevé, qui eut été dans une Assemblée législative un orateur disert, élégant, agréable à entendre, mais qui n'est ni un homme de principes, ni un homme d'action.

Arthur Arnould, né à Dieuze (Meurthe), le 13 avril 1833, est le fils d'un professeur de littérature au Collége de France. En sortant du collége à dix-huit ans, Arnould étudia la médecine qu'il délaissa bientôt pour entrer comme employé à l'Hôtel-de-Ville,

Après la mort de son père (1861), Arthur Arnould entra comme secrétaire de la rédaction à la *Revue nationale*, publiée par M. Charpentier, Revue dont son père avait été un des principaux collaborateurs. Après la *Revue nationale*, Arthur Arnould écrivit à l'*Opinion nationale*, où il accentua son libéralisme, puis à l'*Epoque* avec M. Clément Duvernois, où il fut condamné, vers 1867, à une amende pour diffamation envers les sergents de ville. Arthur Arnould publia ensuite une sorte de lanterne, la *Foire aux sottises*, petit pamphlet illustré, à propos duquel il eut quelques démêlés avec la censure. La politique d'Arthur Arnould s'aigrit de ces taquineries, et quand il écrivit à la *Presse libre*, il se rallia hautement à la gauche tout en restant très hostile aux socialistes. Son entrée au *Rappel* marqua une phase ascendante dans le progrès de ses idées, et quand Rochefort fonda avec lui la *Marseillaise*, A. Arnould devint un radical absolu et un socialiste convaincu, d'autant plus fanatique et intolérant qu'il avait à se faire pardonner, par son nouveau parti, ses tâtonnements et ses attaques d'autrefois.

Il eut à subir plusieurs jours de prison pour un article de la *Marseillaise*, et se crut depuis un martyr de la cause républicaine. Arnould fonda avec les anciens rédacteurs du journal de Rochefort une feuille assez insignifiante, le *Journal du Peuple*, et après la révolution du 4 septembre il écrivit à l'*Avant-Garde*.

La popularité que lui donna ce journal si répandu le fit porter aux élections de l'Assemblée, où il obtint un nombre honorable de voix.

Lors de l'élection de la Commune, il fut nommé par le 4e arrondissement, dont il avait été un des adjoints pendant le siége. Membre de la Commission des relations extérieures, il passa ensuite dans la Commission des subsistances. Il a voté contre la validation des élections à la majorité absolue des votants, et contre le Comité de salut public.

D'une nature impressionnable, peu fait pour la politique d'action, A. Arnould a d'abord été à la Commune partisan de toutes les mesures violentes. Mais il s'effraya bientôt de la responsabilité qui lui incombait, et devint plus modéré, surtout depuis la publicité des séances. A. Arnould prenait la parole dans les discussions de peu d'importance, il se réservait pour les lieux communs. En un mot, il disait de grandes choses dans de petites discussions, ce qui n'était pas sans habileté. Il a parlé pour l'abolition du secret et a prononcé à ce propos des paroles d'une éloquence réelle.

En résumé, A. Arnould était un littérateur et non un homme politique.

Arthur Arnould qu'on a dû être bien étonné de voir rester si longtemps dans la Commune d'où son intelligence et sa modération auraient dû l'écarter dès le premier jour, est certainement resté étranger à toutes les mesures violentes et cruelles exécutées par ordre d'une partie de cette assemblée. On n'a point de renseignements certains sur le sort d'A. Arnould, mais on suppose qu'il s'est enfui en Angleterre peu de temps après l'entrée des troupes.

ASSI.

11e arrondissement. — 18,041 voix.

Adolphe-Alphonse Assi est un ouvrier mécanicien âgé de trente ans, qui doit sa réputation aux grèves fameuses du Creuzot. Assi est né à Roubaix (Nord), c'est un homme de taille moyenne, brun, svelte, et dont les manières prétentieuses, la recherche des mots dans la conversation et le regard fier, presque provocant, annoncent une vanité excessive au service d'un esprit médiocre.

Engagé volontaire à l'âge de dix-sept ans, Assi fut placé dans une compagnie hors rang comme mécanicien militaire; au bout de peu de temps de service, à l'âge de dix-neuf ans, il déserta et passa en Suisse. Voici le récit émouvant qu'il a fait lui-même de sa désertion : « Je me rappelle qu'après vingt-quatre heures de garde, les pieds dans la neige, nous ne reçûmes à manger qu'à quatre heures du soir et fûmes remplacés à huit heures. En rentrant, je voulus me faire porter malade, on me mit à la salle de police. Il y avait là trois hommes qui me proposèrent de passer en Suisse. Je souffrais, j'avais souffert beaucoup, je les écoutai et les suivis. Je ne suis donc pas déserteur, comme on a eu l'air de le dire, pour éviter des poursuites disciplinaires, et j'ai des excuses, ne serait-ce que mon jeune âge, car j'avais alors dix-neuf ans. »

Assi, après avoir travaillé en Suisse, alla en Italie où il servit sous Garibaldi. Après l'amnistie, il revint en France, c'était en 1864, et bientôt après il fut engagé dans les usines du Creuzot comme mécanicien-ajusteur (1868).

Le Creuzot était autocratiquement dirigé par M. Schneider, qui voulait se réserver la gestion d'une caisse de secours fondée avec les retenues faites sur le salaire des ouvriers. Ceux-ci réclamèrent pour eux le droit de nommer le gérant de cette caisse et désignèrent Assi.

Le 19 janvier 1870, M. Schneider renvoya de l'atelier, devant tous ses camarades, Assi, qui venait d'être choisi comme mandataire des ouvriers de l'usine. Ce fut le signal d'une grève soutenue par les fonds du bureau de l'Internationale de Paris et par la propagande du journal la *Marseillaise,* qui avait envoyé sur les lieux M. Achille Dubuc, un de ses rédacteurs.

Assi quitta le Creuzot pour venir à Paris, et de ce voyage datent ses relations et son affiliation à l'Internationale et à la franc-maçonnerie.

Assi était revenu depuis quelque temps au Creuzot, quand le 23 mars une nouvelle grève éclata parce que la veille, jour de paye, l'administration avait diminué les tarifs sans prévenir les ouvriers. Un mandat d'arrêt fut lancé contre Assi, accusé d'avoir fomenté cette nouvelle grève; mais ce mandat ne put être exécuté, Assi s'étant dérobé aux poursuites dirigées contre lui.

Malon, un des membres de l'Internationale, qui, de concert avec Varlin, semble avoir organisé ces deux grèves sous le couvert du nom d'Assi, Malon s'était transporté presque sur les lieux, à Fourchambault, et rendait compte à ses amis des progrès et des incidents de la grève.

Assi semble donc dans ces grèves n'avoir fait que prêter son nom pour couvrir l'Internationale, véritable directrice du mouvement.

Il fut arrêté le 1er mai, après que les désordres avaient déjà cessé au Creuzot et que le travail avait repris dans l'usine.

Impliqué dans le procès de l'Internationale de juin 1870, Assi fut habilement défendu par Me Léon Bigot, dont la plaidoirie fut un sanglant réquisitoire contre M. Schneider et l'administration du Creuzot. Assi fut renvoyé des fins de la prévention sans amende ni dépens.

La réputation que donnèrent à Assi les événements du Creuzot, le rendit bien vite populaire dans les réunions publiques dont il devint un des orateurs habituels. On ne s'aperçut pas de l'incapacité de cet homme qui, comme nous l'avons dit, n'avait été que l'endosseur des idées d'autrui, et Assi qui pendant le siége était resté à Paris, où il faisait partie d'un corps de francs-tireurs, la guérilla de l'Ile de France, dont il était lieutenant d'armement, Assi fut porté aux élections législatives où il obtint plusieurs milliers de voix.

Il fut l'un des membres les plus actifs et le président du Comité central qui triompha le 18 mars, et c'est à ce titre qu'il dut son élection à la Commune.

Nommé membre de la Commission de sûreté générale, Assi fut peu de temps après son élection arrêté par ordre de ses collègues. La Commune craignait alors d'être supplantée par le Comité central qui n'avait pas complétement abandonné le pouvoir, et voulant annihiler son influence, elle frappa celui qu'elle croyait l'âme de ce Comité. Assi fut donc arrêté le 1er avril et remplacé comme gouverneur de l'Hôtel-de-Ville par Pindy. Il ne fut relâché que le 15, après avoir été interrogé par la Commune et quand il eut donné des preuves de sa soumission aux ordres de cette assemblée. Depuis sa mise en liberté, Assi, soit par rancune, soit plutôt par incapacité, se mêla peu au mouvement et même aux discussions de la Commune.

Nous croyons qu'Assi n'a aucune des qualités que pourrait faire supposer sa réputation. Il a été souvent lancé en avant et mis en nom, comme dans l'affaire du Creuzot et dans le Comité central, par des hommes habiles qui le dirigeaient. N'étant plus dirigé, Assi retombait fatalement dans la masse des ignorants et des incapables dont le hasard seul l'avait fait sortir un instant.

Il a été vivement attaqué, parce qu'il s'est trouvé occuper des postes importants. Il ne mérite, à notre avis, ni cet excès de louanges ni cet excès d'insultes dont on l'a comblé tour à tour.

Assi se trouvait à l'Ecole militaire le 23 mai ; il en partit le soir, vers minuit, en uniforme de colonel et suivi d'un nombreux état-major qui ignorait, comme lui, l'entrée de l'armée de Versailles, pour faire une reconnaissance. Mais, près du Point-du-Jour, la petite troupe tomba entre les mains des soldats de la ligne qu'Assi, du fond de sa voiture, avait pris pour des fédérés. Assi se laissa prendre sans résistance et fut mené à Versailles où il va être jugé par le 3e conseil de guerre.

AVRIAL.

11e arrondissement. — 16,193 voix.

Augustin Avrial est né en 1840 à Revel (Haute-Garonne); c'est un ouvrier mécanicien que le dernier procès de l'Internationale a mis en évidence.

La vie d'Avrial est celle de tous les enfants du peuple, une vie de lutte et de travail. Parti à dix-neuf ans comme engagé volontaire au 24e de ligne, il fut envoyé en Afrique avec son régiment. Ses opinions politiques déjà très accentuées lui valurent souvent les réprimandes de ses chefs, surtout quand il se fut lié avec les membres de la Société internationale des travailleurs pendant qu'il était encore au service, en garnison à Paris.

Avrial quitta l'armée à vingt-cinq ans et reprit tout imbu des idées politiques et sociales de l'Internationale, son état d'ouvrier mécanicien ; il fonda la Chambre syndicale des ouvriers de sa profession et fut un des initiateurs du deuxième groupe de l'Internationale, qui, après la condamnation du premier bureau, prit le nom de *Cercle des études sociales*. Avrial fut également un des promoteurs d'une institution destinée à relier entre eux les différents groupes de travailleurs : *la Fédération des sociétés ouvrières*.

Ce fut comme membre de cette fédération, dans laquelle il représentait les mécaniciens, qu'Avrial fut compris dans le nombre des ouvriers arrêtés au moment du plébiscite, au mois de mai 1870. Sa défense devant la Cour mériterait d'être reproduite tout entière ; elle est curieuse à plus d'un titre.

A propos des grèves, il fit cette déclaration :

« On nous accuse de fomenter les grèves. Oh ! messieurs, c'est une grande responsabilité à assumer sur sa tête que celle de pousser les ouvriers à la misère ! J'ai vu, pendant la grève des mégissiers, des hommes, des pères de famille mettre leurs meubles au Mont-de-Piété, et venir nous dire : Je n'ai pas de pain à donner à mes enfants ; il ne reste plus chez moi que les paillasses sur lesquelles couchent ma femme et mes enfants. Vous comprendrez donc, messieurs, que c'est là assumer une terrible responsabilité que de pousser les ouvriers à la grève.....

» Oui, nous intervenons dans les grèves, nous cherchons, quand elles sont produites, à les régulariser. »

Puis, abordant de front le but réel du procès qui était de dissoudre l'Internationale en frappant ses chefs, Avrial ajouta :

« Messieurs, on veut nous empêcher de nous réunir, on veut détruire l'Internationale, permettez-moi de vous dire que vous n'y parviendrez pas. Ne croyez pas que l'Internationale c'est quelques individus ; l'*Internationale, c'est la grande masse ouvrière qui revendique ses droits.* »

Avrial fut condamné à deux mois de prison et

25 fr. d'amende comme ayant fait partie de l'Association internationale des travailleurs, « qui se compose de plus de vingt personnes et n'est pas autorisée. » Tel était à son égard le dispositif du jugement prononcé le 8 juillet 1870.

Quand éclata la Révolution du 4 septembre, Avrial subissait sa peine à Beauvais; il fut mis en liberté, et nommé immédiatement membre de la Commission municipale du 11e arrondissement. En cette qualité, il contribua à l'armement de vingt-sept bataillons que cette municipalité organisa en un mois. Le 66e bataillon élut Avrial pour commandant, et au 31 octobre son nom figura sur une des nombreuses listes de gouvernement qui furent élaborées pendant cette nuit orageuse.

Après l'échec de la révolution tentée le 31 octobre, Avrial fut révoqué de son grade de chef de bataillon, mais il n'en chercha pas moins à contribuer à la défense nationale et créa une association de mécaniciens pour la transformation des armes.

Avrial fut porté sans succès sur la liste de l'Internationale aux élections législatives. Mais après le 18 mars, le 11e arrondissement l'envoya à la Commune le second sur la liste avec plus de 16,000 suffrages.

Avrial avait été, en effet, un des promoteurs du mouvement révolutionnaire du 18 mars, il avait dès le premier jour, avec le 66e bataillon de la garde nationale, construit des barricades dans le 11e arrondissement, puis la victoire assurée à l'intérieur, il avait été prendre possession du fort d'Issy.

Nommé chef de légion du 11e arrondissement par le général Eudes, Avrial fit partie de l'expédition des 2, 3 et 4 avril, qui se termina par la mort de Duval, de Flourens et la déroute des bataillons fédérés.

Avrial quitta le commandement de sa légion pour

se consacrer tout entier aux travaux de la Commune, qui le plaça dans la Commission du travail et de l'échange.

Après la retraite de Lefrançais, il fut, sur la proposition de Vaillant, choisi comme membre de la Commission exécutive. Placé depuis dans la Commission militaire, Avrial fut quelque temps directeur général du matériel d'artillerie, mais il fut relevé de ses fonctions après le manifeste de la minorité qu'il signa l'un des premiers.

Il vota contre la validation des élections à la majorité absolue des votants et contre la création d'un Comité de salut public.

Avrial est un ouvrier honnête qui s'est laissé entraîner dans le mouvement révolutionnaire sans se douter probablement des infamies par lesquelles il signalerait sa victoire éphémère.

Avrial qui a figuré parmi les derniers combattants de la Commune est, dit-on, du nombre de ceux qui ont réussi à quitter la France.

BABICK.

10e arrondissement. — 10,738 voix.

Parmi les membres de la Commune, un homme bien ridicule c'était M. Babick. Son visage austère, ses sourcils fortement marqués, sa barbe grisonnante étaient loin de lui donner l'air respectable auquel il semblait prétendre.

Babick était parfumeur et avait quelque peu étudié la médecine ; il avait, peut-être pour mieux vendre ses parfums, hérité de l'amour qu'avait Mangin pour les oripeaux et les emblèmes ostensibles. En effet,

Babick était le plus *écharpé* des membres de la Commune : écharpe du Comité central, écharpe de la Commune, etc., etc. Il les croisait et les recroisait sur sa poitrine et se promènait à travers les rues dans cette tenue sans se douter du ridicule auquel il exposait sa personne et son titre ; il etait du reste plein de majesté dans sa marche comme dans son langage, pompeux et insipide.

Babick était *fusionnien,* c'est-à-dire disciple d'une religion inventée par M. de Toureil, sorte de mysticisme composé de toutes les religions. Voilà une lettre écrite à un de ses coreligionnaires, lettre, du reste, parfaitement incompréhensible pour tous ceux qui ne possèdent pas la clef de ces indéchiffrables hiéroglyphes, et dont nous conservons l'ortographe fantaisiste :

De Paris-Jérusalem, le 1er janvier 1868,
an 23 de l'ère fusionienne.

A la Vénéré Famille X....., propriétaire à Paris, pour la réalisation du Règne de Dieu, sur la terre comme au ciel, salut et amour.

Je vous prie Vénéré famille, de me permettre de ne faire qu'Un avec la mienne, pour vous Saluer aujourd'hui, autrement que par l'habitude ordinaire des membres de la Société présente ?

Très chère et bien-aimée famille ! l'Année qui vient de s'écoulé était la récapitulation des années qui l'avait généré : de même aussi, notre siècle est la récapitulation des Siècles antérieurs qui le produisent.

Aussi par cette raison : Grâces soient rendus aux Siècles et aux années, dans lesquelles les humains ont produit tant de belles et bonnes choses !

Ainsi donc, Très chère et Bien Aimée famille, si vous admettez ces raisons vous verrez combien nous devons être reconnaissants envers les familles qui ont produit les deux personnes qui à leur tour composé la famille X..... qui est la Bienfaitrice de la famille Babick.

Grâces soient donc rendus à tous vos ancêtres qui vivent en vous! Et Grâces soient rendus aussi a vous et a vos descendants, par nous, et par nos descendants dans lesquels nous demandons à Dieu de nous faire vivrent de plus en plus heureux par la reconnaissance, afin de Glorifier à toujours tous les Représentants de Dieu sur la terre comme au Ciel!

Ainsi soit-il!

Pour ma famille BABICK
Enfant du règne de Dieu, et parfumeur,
à Paris, rue de Nemours, 15.

L'occupation de M. Babick depuis plusieurs années était d'aller sur les tombes des hommes connus, sur celle de M. Enfantin et de Pierre Leroux par exemple, prononcer des discours et des formules mystiques.

Nommé membre de la Commune et placé dans la Commission de la justice, il en fut éliminé le 21 avril, lors du remaniement des commissions. Babick a été membre du Comité central avant de figurer dans la Commune où il a voté, en plusieurs occasions, avec les modérés. S'il a adopté les conclusions de la Commission, à propos des élections complémentaires, il a, d'un autre côté, voté contre le Comité de salut public. Ces excentricités n'empêchent pas qu'on peut compter Babick parmi les membres de la Commune qui ont fait quelquefois preuve de modération et de bon sens. Il est de ceux qui ont réussi à se cacher où à s'enfuir.

BERGERET.

20e arrondissement. — 14,003 voix.

Jules Bergeret, membre du Comité central et l'un des généraux de la Commune, est un ancien sergent de voltigeurs devenu ouvrier typographe, puis commis de librairie. C'est un homme de quarante ans à peine, grand, maigre, aux cheveux bruns, au teint bilieux. Il sortait presque toujours en voiture, une infirmité l'empêchant de monter à cheval, ce qui n'était pas sans être assez gênant pour un général.

Au 18 mars, Bergeret, chef de la 18e légion, fut envoyé à la tête d'une colonne pour prendre possession de la place Vendôme qu'il occupa sans coup férir et où il s'installa comme général. Après s'être ainsi nommé lui-même au commandement de la place de Paris, Bergeret ne sut même pas se faire prendre au sérieux. Une dépêche maladroite, dans laquelle il était dit que le général Bergeret « *lui-même* » s'était porté à Neuilly, a laissé de gais souvenirs dans l'esprit de la population, si peu portée à rire dans ces moments de deuil et de tristesse.

C'est pendant qu'il était commandant de la place de Paris qu'eut lieu la manifestation de la place Vendôme qui coûta la vie à plusieurs citoyens inoffensifs, venus là dans un but de conciliation et d'apaisement. Bergeret, qui était « lui-même » ce jour-là sur la place Vendôme, fit, a-t-il dit plus tard, tous ses efforts pour empêcher qu'on tirât sur la manifestation, mais quelques coups de feu partis on ne sait comment furent le signal d'une fusillade qu'on ne put arrêter que quand des morts et des blessés assez nombreux furent tombés sous le feu des soldats de la Commune.

Bergeret fut un des chefs de la sortie du mois d'avril; il commandait le corps d'armée qui fut décimé par le feu du Mont-Valérien, et perdit dans cette affaire les chevaux de sa voiture qui furent tués par un obus.

Lorsque le général Cluseret fut nommé délégué à la guerre et qu'il eut résolu de s'opposer à tout effort offensif de l'armée de Paris, Bergeret attaqua vivement Cluseret, qui lui donna comme successeur au commandement de la place le général Dombrowski.

Bergeret n'accepta pas sans protester son remplacement; il menaça de soulever la garde nationale contre Cluseret et contre le successeur qu'on venait de lui donner; c'est ce qui motiva son arrestation.

Ce n'est que le 22 avril que la Commune, qui l'avait déjà entendu à sa barre et qui devant son refus d'obéissance au général Cluseret, n'avait pas voulu le relâcher, ce n'est que le 22 avril que la Commune donna l'ordre de mettre en liberté le général Bergeret, membre de la Commune.

Le commandant de l'Hôtel-de-Ville, le colonel Pindy fut délégué auprès de lui pour le ramener au milieu de ses collègues.

Bergeret fut accueilli à son entrée dans la salle des séances par des murmures fort sympathiques.

« Je m'inclinerai toujours, dit-il, devant les décisions de la Commune, et nous devons tous en faire autant. En revenant siéger parmi vous, je ne rapporte aucun sentiment de rancune, mais bien l'offre de tout mon dévouement. »

Il tint sa promesse et ne sembla pas se souvenir de l'arrestation que lui avait fait subir la Commune.

Bergeret, qui le lendemain de l'installation de la Commune avait été nommé membre de la Commission exécutive, avait abandonné bientôt ce poste pour se consacrer tout entier à ses travaux militaires. Après sa mise en liberté, il fut adjoint à la Commission de la guerre et n'a certainement pas dû peu contribuer à la révocation et à l'arrestation de Cluseret.

Bergeret vota pour le Comité de salut public. C'est lui que la Commune chargea de courir à la poursuite de Rossel qui s'était enfui avec un membre du Comité, Charles Gérardin.

Bergeret était un homme plein de lui-même, très-personnel, infatué du génie militaire qu'il prétendait posséder. Ce stratégiste en chambre ne parlait que rarement à la Commune et uniquement sur les questions militaires. S'il était vraiment dévoué à la Commune et aux idées qu'elle représentait, il a prouvé cependant que ses *talents militaires* n'étaient pas à la hauteur de son dévouement.

Le *général* Bergeret disparut comme par enchantement le lendemain de l'entrée des troupes dans Paris et réussit, grâce à une prompte fuite, à se sauver à Guernesey. Il est en ce moment à Londres où l'on annonce qu'il va publier un livre sur le 18 mars.

BESLAY.

6e arrondissement. — 3,714 voix.

Beslay (Charles) était le doyen des membres de la Commune ; il est né le 4 juillet 1795, à Dinan (Bretagne). Fils d'un député qui siégea sous l'Empire, sous la Restauration et sous Louis-Philippe, Beslay devint le collègue de son père à la Chambre des députés en 1830. C'est un ingénieur distingué qui s'est beaucoup occupé des questions sociales, et dans l'esprit duquel s'est fait un curieux travail, qui l'a amené pas à pas à une complète adhésion au socialisme et à l'Internationale.

Ses opinions radicales à la Chambre des députés, où il avait déclaré, par exemple, qu'il ne donnerait jamais son vote pour aucune fonction à un général, l'empêchèrent d'être réélu par les électeurs de Pontivy. Dès lors, il se donna tout entier aux travaux industriels, et fonda dans le quartier Popincourt un atelier de construction de machines dans lequel il associa ses ouvriers. M. Beslay ne fut pas heureux dans ses entreprises industrielles où il voulut mettre en pratique ses théories socialistes. Il y perdit une fortune considérable, mais il ne se découragea pas et n'en continua pas moins ses études et ses essais de socialisme.

Nommé en 1848 commissaire général du Morbihan, dont il avait été auparavant conseiller général, Beslay résigna bientôt ses fonctions et fut élu, par 95,000 suffrages, le premier sur la liste des douze représentants envoyés par ce département à l'Assemblée. Ses études spéciales le désignaient comme devant faire partie du Comité du travail, dont il fut en effet nommé membre, et aux travaux duquel il prit une part très-active. Son rôle politique à l'Assemblée fut assez effacé, il vota avec la fraction modérée du parti républicain, soutint Cavaignac, mais refusa de sanctionner par son vote l'ensemble de la Constitution de 1848. Beslay ne fut pas réélu à l'Assemblée législative et reprit à Paris ses travaux industriels.

Sous l'Empire, il s'occupa moins de politique militante que de socialisme. Il voulut mettre à exécution son projet de banque d'escompte; mais cette malheureuse tentative acheva sa ruine, sans toutefois décourager cet infatigable travailleur.

Beslay est socialiste proudhonien ; il est un des fondateurs de l'Internationale, et quoique bourgeois et de famille bourgeoise, puisque son fils, F. Beslay, est actuellement rédacteur d'un journal conservateur et clérical, *le Français,* il fut un des membres les plus radicaux de cette association. Il ne craignit même pas de manifester publiquement à ses anciens amis, et surtout aux membres de la gauche, sa réprobation pour leur ignorance et leur indifférence des questions sociales. Logique avec son passé, Beslay fut un des plus violents adversaires du gouvernement du 4 septembre, et signa contre lui, pendant le siége, des manifestes restés célèbres dans l'histoire intérieure du siége de Paris.

M. Beslay, un des plus fervents adeptes de l'Internationale, fut élu membre de la Commune par le 6e arrondissement.

Le discours qu'il prononça à l'ouverture des séances de la Commune, discours que nous voudrions pouvoir citer en entier, peint bien le caractère de M. Beslay. Voici quelques extraits de cette allocution : « La République n'est plus aujourd'hui ce qu'elle était aux grands jours de notre révolution. La République de 93 était un soldat qui, pour combattre au dehors et au dedans, avait besoin de centraliser sous sa main toutes les forces de la patrie; la République de 1871 est un travailleur qui a surtout besoin de liberté pour féconder la paix.

» Paix et travail ! Voilà donc notre avenir! Voilà la certitude de notre revanche et de notre régénération sociale, et ainsi comprise la République peut encore faire de la France le soutien des faibles, la protectrice des travailleurs, l'espérance des opprimés dans le monde et le fondement de la République universelle. »

Il traça aussi ce jour-là à la Commune un programme qu'elle sembla approuver mais dont elle s'est bien vite écartée.

M. Beslay fut nommé membre de la Commission des finances et rédigea, à propos de la loi sur les échéances, un projet de banque d'escompte qui fut rejeté comme trop compliqué. Il vota avec plusieurs de ses collègues contre la validation des élections à la majorité absolue et s'est toujours opposé, dans le sein de l'Assemblée, aux mesures arbitraires et violentes qui y ont été souvent proposées et si souvent adoptées. Il a voté contre le Comité de salut public et fait de fréquentes démarches, malheureusement infructueuses, pour obtenir la mise en liberté de Chaudey.

Une des manies de M. Beslay, pendant la Commune, fut d'adresser à M. Thiers d'immenses lettres qu'il faisait afficher sur tous les murs de Paris, et dans lesquelles il le sommait de donner sa démission pour mettre ainsi fin à la guerre civile.

M. Beslay est, malgré ces ridicules, respecté de tous les partis; sa parole est toute paternelle, sa fermeté toute virile, il l'a bien prouvé en s'engageant comme volontaire pour la campagne au 23e de ligne, qu'il ne quitta que trahi par ses forces, qui n'étaient point à la hauteur de son énergie et de son courage.

M. Beslay donna une seconde fois sa démission qu'il avait déjà offerte pour raison de santé. Cette fois, la raison était différente. M. Beslay était délégué de la Commune à la Banque, or la Commune envoya plusieurs bataillons de gardes nationaux pour faire des perquisitions dans cet établissement, et M. Beslay considérant cet acte comme une mise en suspicion de sa gestion, donna sa démission, en profitant de cette occasion pour protester contre la démolition de la maison de M. Thiers.

Il la reprit cependant encore une fois et signa avec plusieurs de ses collègues le manifeste de la minorité. La Commune le maintint dans ses fonctions de délégué à la Banque et M. Beslay, de concert avec le directeur, sut préserver de la ruine cet édifice et les richesses qu'il contenait.

Le Gouvernement, en reconnaissance de ces services, lui a donné un passe-port pour la Suisse et M. Beslay est parti pour Genève, entouré de l'estime de tous ceux qui pendant leur séjour à Paris sous la Commune, ont pu juger quels services M. Beslay a rendus en sauvant les richesses de la Banque et le crédit de ce grand établissement financier.

BILLIORAY.

14e arrondissement. — 6,100 voix.

Billioray (Alfred-Édouard), né à Naples, de parents français, n'est pas, comme on l'a souvent écrit, le joueur de vielle, si connu des Parisiens.

C'est un homme d'une trentaine d'années, aux cheveux blonds, aux yeux bleus dont la voix pleine de douceur semble démentir le caractère violent dont il a fait preuve à la Commune. Peintre d'un médiocre talent, Billioray a exposé en 1866 un tableau, la *Sollicitude maternelle*, ainsi que plusieurs toiles qui ont figuré dans ce salon des refusés, qui a excité une si vive hilarité parmi les visiteurs de l'Exposition des beaux-arts.

Orateur des clubs de la rue Maison-Dieu et du théâtre Montparnasse, le blond Billioray, membre du Comité central, se trouva porté aux élections communales sur la liste du Comité, et c'est à ce titre qu'il a dû, quoique complétement inconnu jusqu'alors, d'être élu dans le quatorzième arrondissement, qui a envoyé à la Commune de si étranges représentants.

Billioray s'est fait remarquer à la Commune par ses motions violentes. Nommé membre de la Commission des services publics et des finances, il a été proposé par la majorité comme candidat au Comité de salut public en remplacement de Delescluze et l'a emporté d'une voix seulement sur son concurrent Varlin, candidat de la minorité.

Billioray est, du reste, un de ceux qui ont le plus énergiquement réclamé la formation d'un Comité de salut public. Il a prouvé par ses actes l'absence la plus complète de sens politique et de sens moral.

On l'a vu, en effet, demander à la fois la liberté du travail dans la discussion sur la boulangerie et la suppression des journaux. C'est aussi l'un de ceux qui réclamaient avec le plus de persistance l'exécution de la loi sur les otages.

Billioray a eu *l'honneur* de signer les derniers décrets et les proclamations *in extremis* du Comité de salut public. Il est l'un de ces énergumènes sans conviction et sans principes qui ont poussé la Commune dans cette voie de représailles sanglantes et d'actes froidement sauvages, qui ont précédé la chute du Comité de salut public et de la Commune.

Billioray, qu'on avait dit fusillé dans les premiers jours qui ont suivi l'entrée des troupes, fut arrêté le 3 juin dans une maison de la rue des Canettes, où il habitait sous un faux nom.

Il passe en jugement devant le 3me conseil de guerre de Versailles.

BLANCHET.

5e arrondissement. — 3,271 voix.

Blanchet n'était point le nom du membre de la Commune élu par plus de trois mille suffrages dans le 5e arrondissement. Nous ignorions encore son vrai nom quand nous avons commencé sa biographie, et nous avons cru intéressant de conserver ici quelques traits du portrait que nous avions tracé avant cette découverte.

Blanchet est paralytique, il marche appuyé sur une canne qui joue un grand rôle dans sa vie politique. En effet, quand cet homme à barbe noire, qui ressemble à un chartreux en rupture de cloître, faisait quelque motion violente, comme il en avait l'habitude, on le voyait en même temps lever en l'air ses bras et sa canne, et c'était dans cette posture qu'il reprochait à l'assemblée d'être trop modérée et de ne pas avoir assez terrorisé Paris.

Cet énergumène, qui semblait vouloir parodier Couthon et qui n'avait ni le courage, ni le talent du vieux conventionnel, s'attira un jour une verte réplique de Varlin, qui répondit à ses reproches et à ses interpellations : « Ceux qui crient le plus fort ne sont pas ceux qui font le plus, » et une autre apostrophe de Delescluze contre les membres qui « trouvaient qu'on ne faisait jamais assez, et qui pour leur part ne faisaient rien que de stériles récriminations. »

Blanchet avait voté pour la validité des élections à la majorité absolue des votants, et formulé ainsi son vote pour le Comité de salut public : « Je vote pour, attendu que si la Commune a su se faire aimer des honnêtes gens, elle n'a pas encore pris les mesures indispensables pour faire trembler les lâches et les traîtres, et *que grâce à cette longanimité intempestive, l'ennemi a peut-être obtenu des ramifications dans les branches essentielles de notre gouvernement.* »

Cette dernière crainte venant d'un ancien secrétaire de commissaire de police sous l'Empire, d'un banqueroutier, n'est-elle pas admirable ?

Blanchet avant son entrée à la Commune n'était connu de personne si ce n'est comme membre du Comité central; les électeurs l'avaient nommé sur la foi de ses déclarations ultra-révolutionnaires. Un jour l'on découvrit son passé et la Commune fut bien étonnée d'entendre la lecture du rapport suivant que lui présenta un des membres de la Commission de sûreté générale.

Nous citons en entier ce document, qui n'est pas un des moins curieux de l'histoire de la Commune, et nous rectifions l'orthographe de son nom que le *Journal officiel* avait mal écrit et que les autres journaux de la Commune rétablirent dans les récits qu'ils donnèrent de cette curieuse découverte.

Séance du 5 mai 1871.

PRÉSIDENCE DU CITOYEN JOHANNARD. — ASSESSEUR, LE CITOYEN JACQUES DURAND.

Le citoyen Raoul Rigault. Vous vous rappelez qu'il a été convenu que quand il aurait été procédé à l'arrestation d'un collègue, on ferait un rapport à la Commune; je le fais aujourd'hui, non pas dans les vingt-quatre heures, mais dans les deux heures.

Aujourd'hui, nous avons appelé devant nous le citoyen Blanchet. Depuis longtemps nous étions prévenus que ce nom n'était pas le sien; que sous un autre nom il avait exercé des fonctions et subi une condamnation qui ne lui permettaient pas de rester parmi nous.

Quoiqu'il ait toujours voté avec la majorité et le Comité de sûreté générale, à cause de cela surtout, je n'ai pas gardé de ménagements. (Approbation.) C'est le citoyen Ferré qui a fait l'enquête. Le citoyen Blanchet s'est présenté devant nous; je ne crois pouvoir faire mieux que de vous lire le procès-verbal que nous avons dressé de cette entrevue :

« L'an mil huit cent soixante et onze, le 5 mai,

» Devant nous, délégués à la sûreté générale et membres dudit Comité, est comparu le membre de la Commune connu sous le nom de Blanchet.

» Lequel, interpellé par le citoyen Ferré, a déclaré qu'il ne s'appelait pas Blanchet, mais bien Pourille (Stanislas).

» Sur la seconde interpellation, Pourille déclare qu'il a bien été secrétaire de commissaire de police à Lyon, qu'il est entré, à Brest, dans un couvent de capucins en qualité de novice vers 1860, qu'il y est resté huit ou neuf mois.

» Je partis, ajoute-t-il, en Savoie, où je rentrai dans un second couvent de capucins, à Laroche. Ceci se passait en 1862.

» Revenu à Lyon, je donnai des leçons en ville. On me proposa d'être traducteur interprète au Palais-de-Justice, j'acceptai. On me dit après qu'une place de secrétaire dans un commissariat était vacante, j'acceptai également; je suis entré dans ce commissariat vers 1865, et j'y suis resté environ deux ans.

» Au bout de ce temps, quand je demandai de l'avancement, quand je demandai à être commissaire spécial aux chemins de fer, ma demande étant restée sans réponse, j'offris ma démission, qui fut acceptée. C'est après ces événements que je vins à Paris.

» J'ai été condamné à six jours de prison pour banqueroute à Lyon. J'ai changé de nom parce qu'il y avait une loi disant qu'on ne pouvait signer son nom dans un journal lorsqu'on a été mis en faillite. »

» Nous, délégués à la sûreté générale, et membres dudit Comité, envoyons à Mazas le sieur Pourille.

» COURNET, TH. FERRÉ, VERMOREL, RAOUL RIGAULT, A. DUPONT, TRINQUET. »

A la suite de cette enquête et de ces aveux du coupable, le Comité de sûreté obtint de Pourille, dit Blanchet, sa démission.

La publication de ce dossier nous édifie suffisamment sur le compte de cet énergumène, qui trouvait ses collègues trop modérés et qui demandait qu'on *terrorisât* davantage.

On n'a pas entendu parler de Blanchet depuis son emprisonnement, et l'on ignore si la Commune l'a mis en liberté avant l'entrée des troupes. Dans tous les cas il ne figure ni dans le nombre des membres de la Commune qu'on dit fusillés ni parmi ceux qui vont être jugés par les conseils de guerre de Versailles.

BRUNEL.

7e arrondissement. — 1,947 voix.

Brunel (Antoine-Magloire) est un déclassé que les derniers événements du siége de Paris ont jeté dans le camp révolutionnaire, où il était auparavant complétement inconnu.

C'était un propriétaire, ancien sous-lieutenant de cavalerie, âgé de quarante ans, qui exerçait les fonctions de commandant du 107e bataillon (11e régiment de marche) de la garde nationale, pendant le siége de Paris.

Irrité de la capitulation du gouvernement de la défense et décidé à s'y opposer de toutes ses forces, Brunel, de concert avec le lieutenant-colonel Piazza, essaya de soulever la garde nationale et d'empêcher toute négociation avec les Prussiens.

Un ordre du jour signé le général Piazza et contresigné du général chef d'état-major Brunel fut affiché dans la nuit du 27 au 28 janvier. Cet ordre prescrivait à la garde nationale de se rendre aux secteurs, de prendre possession des forts, d'empêcher ainsi la remise des positions avancées aux Prussiens et la cessation des hostilités.

La garde nationale ne répondit pas à cet appel, et les deux signataires de cet ordre du jour, Piazza et Brunel, furent arrêtés le 29 et traduits devant un conseil de guerre. Le conseil les acquitta sur le chef relatif à l'attentat ayant pour but d'exciter la guerre civile en portant les citoyens à s'armer les uns contre les autres; mais il les déclara coupables d'avoir, le 28 janvier, sans droit et sans motifs légitimes, usurpé le titre et les fonctions de général. Brunel fut, ainsi que Piazza, condamné à deux ans d'emprisonnement, par jugement en date du 11 février.

Délivré par des gardes nationaux qui brisèrent les portes de sa prison, Brunel se déroba aux poursuites du gouvernement, et devint un de ses plus acharnés adversaires.

Le Comité central le nomma général en chef et lui donna le commandement d'un des corps d'armée qui tentèrent cette inepte sortie des premiers jours d'avril. Nommé membre de la Commune, Brunel se mêla peu à ses discussions et veilla aux opérations militaires sur la rive gauche. Il resta ainsi longtemps à Issy, et après la prise du fort, dans les villages de Vanves et d'Issy.

Brunel semblait peu sympathique à la Commune, qui le voyait du reste et le connaissait peu, et qui ne trouvait pas dans son passé les garanties politiques qu'elle demandait à ceux qui, comme lui, tenaient entre leurs mains la force militaire, c'est-à-dire l'existence de la Révolution. C'est en effet, croyons-nous, une question personnelle qui a jeté Brunel dans le parti communaliste, plutôt que les principes révolutionnaires, dont ce général ne semblait pas avoir eu la moindre idée avant ces événements.

La Commune le savait en outre dévoué au Comité central, cette épée de Damoclès toujours suspendue sur sa tête. L'absence presque systématique de Brunel à ses séances n'était pas, du reste, faite pour lui concilier la confiance de gens aussi soupçonneux que les membres de la Commune.

Brunel vota pour le Comité de salut public. Il était chef de la 10e légion et commanda le corps qui essaya de dégager le fort de Vanves.

Au physique, c'était un homme d'une taille élevée; sa figure bronzée et sa moustache bien affilée lui donnaient un air de crânerie toute militaire.

Il a du reste prouvé, si ce n'est son talent, du moins un courage digne d'une meilleure cause, dans ses opérations au lycée de Vanves et dans le village d'Issy.

Brunel, qu'on a d'abord dit arrêté et fusillé, a réussi d'après les renseignements les plus certains, à se sauver et à quitter la France.

CHALAIN.

17e arrondissement. — 4,545 voix.

Chalain (Louis) est né le 10 janvier 1845, à Plessis-Dorin (Loir-et-Cher). C'est un jeune homme dans toute la force de l'âge, d'une nature robuste, un beau garçon dont la figure, ornée de cheveux bruns, ne manque ni d'élégance ni de virilité.

Chalain était ouvrier tourneur en cuivre et faisait partie de l'Internationale.

Sous l'Empire, il eut à subir plus de dix perquisitions et un nombre infini d'interrogatoires Le troisième procès de l'Internationale, dans lequel ont figuré beaucoup de membres actuels de la Commune, est le piédestal sur lequel Chalain a édifié sa fragile popularité.

Chalain est doué d'une intelligence très-médiocre et d'une présomption excessive, ce qui va toujours ensemble; il possède un magnifique organe, une voix sonore et une prestance remarquable; c'est ce qui lui a valu sa réputation et les honneurs dont on l'a comblé. En effet, les prévenus du procès de l'Internationale avaient fait rédiger par deux des leurs, MM. Theisz et Avrial, une défense collective à laquelle Tolain avait même, nous assure-t-on, mis la dernière main. On choisit Chalain comme le lecteur dont la voix était seule capable de faire ressortir cette déclaration, que le public a attribuée à tort à Chalain.

La lecture de cette défense, véritable programme de l'Internationale, donna à ce jeune homme une notoriété due, comme nous venons de le dire, uniquement au hasard.

Pendant le siége, Chalain s'occupa plus de l'administration de son arrondissement (Grenelle) que de la guerre et de la politique. Mais, dès la Révolution du 18 mars, on le vit entrer, avec ses coaccusés de l'Internationale, dans le mouvement communaliste. La réputation de Chalain est entièrement surfaite; c'est un jeune ambitieux plein de vanité et d'ignorance, qui fait beaucoup de bruit et peu de besogne.

Il est à remarquer que ce n'est pas dans l'arrondissement qu'il avait administré, à Grenelle, qu'on l'a élu. Il est venu, au moment des élections, habiter Batignolles et s'y est porté candidat. Il a été nommé grâce à son titre de membre de l'Internationale, et grâce au souvenir du dernier procès intenté à cette association.

Chalain fut choisi comme membre de la Commission de sûreté générale et passa ensuite à la Commission du travail et d'échange, pour revenir à la Commission de sûreté, où il était tout-puissant.

Son ton sec, cassant, prétentieux lui aliéna toutes les sympathies, et son manque absolu d'intelligence politique le rangea au nombre des nullités de la Commune.

Il resta complétement effacé à la Commune, où il ne parla presque jamais, n'ayant pas tous les jours le bonheur de se faire un succès avec les œuvres d'autrui.

Il ne fut ni violent ni modéré, car il n'avait point d'idées et se tint le plus souvent dans une prudente réserve à la Commune.

Nous croyons pouvoir expliquer ainsi le mutisme de Chalain ; il a été un de ceux qui se sont le plus opposés à la publicité des séances, et il voulut protester probablement contre cette publicité par son silence presque absolu à la Commune. Depuis, Chalain a demandé que le public pût assister aux séances de la Commune; mais alors d'autres collègues ont repris son ancienne idée et s'y sont vivement opposés. Ces tergiversations et ces contradictions prouvent l'instabilité des opinions de Chalain.

On ignore ce qu'est devenu Chalain depuis la défaite de la Commune.

CHAMPY.

10e arrondissement. — 11,042 voix.

Le portrait de Champy (H.) doit être tracé très-brièvement, car nous ne voulons pas, dans ce livre, donner aux gens plus d'importance qu'ils n'en méritent. Louis-Henri Champy, ouvrier ciseleur, est un jeune homme âgé de vingt-cinq ans, orateur assidu des clubs, qui parlait toujours et rarement avec tact et à propos. Il croyait qu'on pouvait et qu'on devait toujours dire son mot dans chaque discussion, et qu'il ne fallait jamais laisser prononcer la clôture sans protester. Champy parlait toujours, sur tout, à propos de tout, à côté de tout; c'était le verbe fait homme, il était intarissable; véritable corneille, il se jetait à tout bout de champ dans les discussions, sans rien dire d'utile, se contentant de tout brouiller.

Membre de la Commission des subsistances, Champy a été maintenu dans ces fonctions après la nouvelle nomination des Commissions. Il vota pour la validation des élections faites à la majorité des votants et pour le Comité de salut public, « désirant, a-t-il dit, qu'on n'hésite devant aucune mesure nécessaire. »

Champy est au nombre des membres de la Commune prisonniers à Versailles qui vont être jugés par le 3e conseil de guerre.

CHARDON.

13e arrondissement. — 4,761 voix.

Chardon est un ouvrier chaudronnier très-connu des habitués des réunions publiques, où l'on admirait sa grosse voix et sa corpulence plus que son talent oratoire. Il fut l'un des plus violents, l'un des plus fanatiques des membres de la Commune; mais sa violence et ses emportements cachaient une certaine faiblesse de caractère qui n'est pas incompatible avec les emportements et les violences de langage.

Chardon, chef du 133e bataillon de la garde nationale qu'il commandait pendant le siége, était l'aide de camp du général Duval, à qui il a succédé dans le commandement militaire de l'ex-préfecture de police. Il a pu, quoique accompagnant Duval dans cette fameuse sortie de Meudon si fatale aux fédérés, s'échapper et revenir sain et sauf, sans son général, il est vrai.

Chardon faisait partie de la première commission militaire. Mais, depuis la mort de Duval et la réorganisation des commissions, il n'eut plus qu'un rôle effacé dans la Commune. Il se confinait dans sa principale fonction à l'ex-préfecture de police, qui était occupée par une forte garnison dont il était le commandant, mais dont il n'exigeait pas une discipline bien sévère.

Chardon vota pour le Comité de salut public. Il parlait peu, très peu, et approuvait toujours les propositions les plus violentes. C'était plutôt chez lui, croyons-nous, affaire de tempérament que de conviction.

Chardon a été arrêté le 26 juillet, boulevard Strasbourg, et immédiatement conduit à Versailles.

CLÉMENCE.

4e arrondissement. — 8,163 voix.

Clémence (Adolphe), membre de l'Internationale, est un ouvrier intelligent, âgé d'une quarantaine d'années.

Il était délégué des ouvriers relieurs à la dernière Exposition universelle de Paris et a rendu compte, dans un livre vraiment remarquable des travaux de la reliure aux Expositions de l'industrie de 1798 à 1862. Il y a énuméré les progrès de cet art et a donné dans cet ouvrage l'histoire de sa corporation.

A. Clémence, membre de l'Internationale, fut condamné à trois mois de prison p ur délit d'association. L'estime et la réputation dont il jouissait parmi les ouvriers le firent nommer membre de la Commune. Clémence s'y montra toujours l'un des plus fermes contre les propositions ineptes de plusieurs de ses collègues qui, il faut l'avouer, firent un choix intelligent en le plaçant dans la Commission de la justice. Clémence vota contre le rapport concluant à la validation des élections à la majorité absolue des votants, et il formula son vote contre le Comité de salut public en ces termes : « Considérant que l'établissement du Comité de salut public est une atteinte portée aux droits que les membres de la Commune tiennent de leurs électeurs, je vote contre. »

Clémence, qui a vu combien il lui était difficile et même impossible d'entraver la marche insensée de la Commune roulant de propos délibéré sur une pente fatale, Clémence se donna tout entier à l'administration de son arrondissement, le 4e.

Il a dû se retirer officieusement de la Commune avant les événements qui ont signalé sa chute, car bien avant le 23 mai, le nom de ce membre ne figurait plus que très-rarement dans les discussions de la Commune.

ÉMILE CLÉMENT.

17e arrondissement. — 7,121 voix.

Emile Clément est un ouvrier cordonnier peu connu et bien peu digne de l'être, car son incapacité, sa nullité absolue rendent tout examen de sa personnalité impossible et en tout cas inutile.

Emile Clément est âgé de plus de cinquante ans; il est petit, trapu, et s'exprime avec difficulté; il faisait partie de la commission municipale du 17e arrondissement après le 4 septembre, et organisa, dans ce quartier, de nombreuses réunions publiques. La propagande active de Clément le fit nommer représentant à la Commune, où il vota avec le parti violent. Il approuva le rapport sur la validation des élections et déclara voter pour le Comité de salut public, parce qu'il avait reçu le mandat impératif de ses électeurs d'agir ainsi.

Il fit partie de la Commission des subsistances. L'élection de M. E. Clément et son rôle négatif à la Commune montrent bien que pour occuper des fonctions politiques il faut être un homme capable, et nous ajouterons un honnête homme.

Or, non-seulement M. Emile Clément était d'une incapacité notoire, mais l'examen de son dossier, à la suite duquel il a été arrêté, portait gravement atteinte à son honorabilité. Il aurait entretenu, paraît-il, des rapports et des correspondances suivis avec le préfet de police de l'Empire, et il aurait tenté, pendant son court passage à la préfecture, de soustraire les pièces compromettantes de son dossier.

Détenu jusqu'à l'entrée des troupes, Emile Clément a-t-il été mis en liberté par la Commune? Nous l'ignorons, mais nous constatons que son nom n'a point été prononcé jusqu'ici parmi ceux des membres de la Commune sur le sort desquels on a obtenu quelques renseignements.

J.-B. CLÉMENT.

18e arrondissement. — 14,188 voix.

J.-B. Clément est un des membres de la Commune qui s'est fait remarquer par ses excentricités et ses ridicules propositions. J.-B. Clément a une figure peu séduisante et quelque peu farouche, pour ne pas dire terrible; son teint bronzé, ses yeux incertains, sa mise un peu négligée, en faisaient une sorte de brigand d'opéra-comique assez bien réussi. Ajoutez à cela une voix rude et une propension marquée pour les termes excentriques, et l'on comprendra l'impression défavcrable que devait produire Clément la première fois qu'on le voyait.

Essayons de montrer sous son vrai jour cette hysionomie si originale.

J.-B. Clément est né à Boulogne-sur-Seine, le 31 ıai 1837. Il est le fils d'un meunier aisé, qui n'a as eu pour lui des attentions ni des soins bien élicats, et qui a refusé de lui laisser apprendre l'éat paternel.

Clément, après être resté plusieurs années chez n maître de pension nommé Dillon, qui inculuait à ses élèves ses idées antireligieuses et révoluionnaires, et qui les promenait en 1848 au milieu des arricades, où il leur faisait un véritable cours de cience révolutionnaire, Clément fut envoyé chez n garnisseur en cuivre, où il fut très malheureux, t chez lequel sa famille le maintint jusqu'à l'âge de ix-neuf ans.

A cet âge, Clément, qui avait le désir de s'insuire et qui n'avait appris chez son maître d'école ue l'art d'élever des barricades (ce qui lui a servi eut-être sous la Commune), se mit à travailler ut seul et céda à son goût pour la poésie, en écriant plusieurs chansons. Ce fut par hasard qu'il ndit une de ses œuvres, et qu'il apprit ainsi luiêmele talent qu'il avait et le prix qu'il en pouvait rer.

Les chansons de Clément sont toutes pleines de tte bonhomie paysanne, qui produit plus d'effet ır les masses qu'un beau discours ou une pièce vers écrite dans un style élevé, à la portée de elques délicats. Les chansons socialistes et révotionnaires de J.-B. Clément sont nombreuses et ont obtenu pour la plupart un vif succès ; citons parmi les plus connues : *Fournaise, L'Eau va toujours à la rivière,* 89, *Ah! le joli temps,* qui a valu un véritable succès à son auteur et à Darcier.

Clément quitta bientôt la chanson pour la politique. Il écrivit dans le *Pavé,* les *Tablettes de Paris,* et fonda sans aucun concours ni collaboration un journal, le *Casse-Tête,* dont le titre servira à caractériser l'époque où l'on se servait de cette arme sauvage contre des citoyens inoffensifs.

A la *Réforme,* où il écrivit en janvier 1870 des articles pleins de verve et d'excentricités, sous le titre de *Carmagnoles,* Clément fut condamné à plus d'un an de prison pour attaques contre l'empereur et pour provocation à commettre un ou plusieurs crimes.

J.-B. Clément était à Sainte-Pélagie quand éclata la Révolution du 4 septembre. Délivré par le peuple, il se hâta de prendre la plume pour défendre dans le *Courrier français* la cause de la Révolution et pour prêcher la haine de l'étranger. Il quitta bientôt la plume pour le fusil et fut un des plus zélés défenseurs de la capitale.

Devenu rédacteur du *Cri du peuple,* J.-B. Clément, bien connu dans les réunions publiques, reçut, après le 18 mars, des électeurs de Montmartre, un mandat qu'il n'avait point sollicité, mais qu'il n'hésita pas à accepter et qu'il remplit avec une ardeur et une activité incroyables.

J.-B. Clément était en effet un des plus convaincus des membres de la Commune. D'abord membre de la Commission des subsistances et des services publics, il fit ensuite partie de la Commission de l'enseignement en même temps qu'il surveillait la fabrication des munitions de guerre, fonctions peu similaires comme on le voit. Mais ce qui l'occupa le plus c'est l'administration municipale du 18e arrondissement.

En politique J.-B. Clément est un poète doublé d'un sectaire, c'est un admirateur enthousiaste de la Révolution, qui a tous les emportements d'un fanatique et commet toutes les fautes, quitte à les regretter ensuite. En littérature c'est un fantaisiste, d'idées et d'expressions. Son style est imagé, plein d'une vive originalité qui donne à ses articles un cachet tout particulier.

Son rêve, a-t-il dit dans un de ses articles, eut été de voir cesser une lutte fratricide qui lui déchirait le cœur et de pouvoir aller chez ses bons amis les paysans, dont il a la tournure et un peu le langage, leur faire comprendre ce que c'est que le socialisme et la Révolution. Ce paysan du Danube devint après son élection à la Commune aussi violent et aussi exagéré qu'il était autrefois doux et sensible à toutes les souffrances.

C'était le plus ouvrier des bourgeois, dans sa mise et dans ses manières. Signe particulier : quoique sentimentaliste et poète, J.-B. Clément détestait les prêtres et veillait avec sollicitude à ce que les églises ne fussent pas rouvertes dans le 18e arrondissement qu'il administrait avec Dereure, son collègue.

Les journaux avaient annoncé l'arrestation de J.-B. Clément, mais on s'aperçut bientôt qu'on s'était trompé, et qu'il s'agissait de son homonyme V. Clément, arrêté en effet et traduit devant le 3e conseil de guerre.

VICTOR CLÉMENT.

15e arrondissement. — 5,025 voix.

Clément (Joseph-Victor), est un ouvrier teinturier, né dans le Jura, et âgé de quarante-sept ans, qui ressemble un peu à un sacristain. Ce colosse, à larges épaules, a quelque chose de Wolf et du prince Napoléon dans la tournure et même dans les traits. Sa figure, oùjamais barbe ne semble avoir voulu pousser, estpleine de bonhomie et de franche gaîté. De passé, il n'en a pas d'autre qu'une obscure vie de travailleur, une vie de labeur, ce que bien des gens dans la Commune pouvaient lui envier.

Il avait été placé dans la Commission des finances avec M. Beslay.

Victor Clément, comme un petit nombre d'ouvriers qui faisaient partie de la Commune, avait des idées très sensées et très calmes. Il chercha à s'opposer aux illégalités et aux violences, qu'il entrava ou calma quelquefois. Le relevé de ses votes prouve la modération de son esprit : il vota contre le rapport sur les élections et s'associa à la protestation de plusieurs de ses collègues contre le Comité de salut public.

Victor Clément fut arrêté dans la nuit du Samedi au Dimanche 10 juin. Il habitait une chambre au premier étage d'une maison située boulevard de Grenelle, en face l'usine Cail. C'est là que le surprirent un capitaine de la prévoté de l'Ecole militaire et un commissaire de police qui avaient été prévenus de sa présence en ce lieu, et qui le conduisirent immédiatement à Versailles, où il comparait devant le 3me conseil de guerre.

CLUSERET.

18e arrondissement. — 8,480 voix.

Si la Révolution du 18 mars fut avant tout l'œuvre de l'Internationale, si aucune personnalité ne peut s'en attribuer seule l'organisation, il faut avouer cependant qu'un de ceux qui ont le plus contribué à rendre sérieuse la résistance des fédérés, c'est certainement le général Cluseret, qui a pris entre ses mains la direction des affaires militaires alors que la sortie ridicule des généraux du Comité avait jeté la Commune dans une position si difficile pour ne pas dire absolument désespérée.

Le général Cluseret a pu juger par lui-même que la Roche Tarpéienne n'est pas loin du Capitole, car pour récompense de ses services, la Commune lui accorda... une cellule à Mazas, comme elle voulait le faire pour celui qui, après l'exemple si peu encourageant de Cluseret, n'hésita pas à lui succéder au ministère de la guerre.

Gustave-Paul Cluseret est né le 13 juin 1823 à Paris ; son père, colonel d'infanterie, le fit élever dans son régiment comme enfant de troupe ; il s'y prépara pour Saint-Cyr, où il entra en 1841. Il fut successivement nommé sous-lieutenant en 1843, puis lieutenant au mois de janvier 1848.

C'est à cette époque que se place un épisode de sa vie peu connu, et qui n'est pas sans étonner de la part d'un homme devenu depuis général d'une ville insurgée contre un gouvernement régulier.

Lors des journées de juin, qui ne sont pas sans analogie avec celles que nous avons vu durer si longtemps à Paris, et qui ne diffèrent des premières que par la grandeur de l'attaque et de la défense, Cluseret était chef de bataillon du 23e régiment de la garde mobile. Il se distingua dans la prise des barricades et revendiqua hautement, à cette époque, la responsabilité de ses actes, comme le prouve une lettre écrite par lui au *Constitutionnel,* dont nous allons donner quelques extraits.

Le 30 juin 1848, alors que l'émeute était vaincue, le chef de bataillon Cluseret envoya au *Constitu-*

tionnel une protestation où il se plaignait que, « dans le récit des faits du 22 juin, son bataillon, qui avait le plus souffert, ait été complétement oublié. »

Cette longue épître, dans laquelle il célèbre son courage et celui de ses troupes qui, n'ayant plus de cartouches, s'élancèrent « *la rage au cœur* sur des gens qui tiraient à bout portant, » contient cet aveu qui aurait pu être facilement retourné contre Cluseret. Il fut témoin, dit-il, d'un fait douloureux : un capitaine de la 12e légion, Amyot, se trouvait en tenue, sa décoration à la poitrine, sur une barricade et Cluseret avoue avoir eu peine à retenir ses hommes, indignés de la présence d'un militaire au milieu des insurgés.

« Le 23e bataillon, dit Cluseret en terminant, proteste tout entier par la voix de ses officiers contre tout récit qui donnerait à d'autres qu'à lui l'honneur d'avoir enlevé le premier les barricades de la rue Saint-Jacques, jusqu'à la rue des Mathurins compris. Jamais nous n'aurions revendiqué la publicité de ces faits si nous n'avions lu ce matin avec un *douloureux étonnement* qu'on faisait à d'autres un *titre d'une gloire* que nous avons trop chèrement payée; nous nous sommes battus de deux heures à huit heures du soir; nous avons pris dans ce laps de temps onze barricades et trois drapeaux. »

La véracité des faits allégués dans cette lettre ne peut être mise en doute, car peu de temps après, le 28 juillet 1848, Cluseret, chef du 23e bataillon de la garde mobile, fut décoré de la Légion-d'Honneur en même temps que le célèbre colonel Cornemuse.

Lors du licenciement de la garde mobile, Cluseret ne put conserver dans l'armée son grade de chef de bataillon, et sur son refus d'y rentrer comme lieutenant, il fut mis à la retraite en 1850. Peu de temps après, en 1853, il reprit du service comme lieutenant de chasseurs, et au bout de deux ans il était nommé capitaine. C'est avec ce grade qu'il partit en Crimée où il se battit vaillamment et reçut deux blessures.

En Afrique, où il retourna après cette guerre, Cluseret fut attaché aux bureaux arabes, et devint après sa retraite définitive de l'armée, régisseur des fermes de M. Carayon-Latour, chez lequel il ne resta que très peu de temps.

Cluseret partit à New-York, où il entra dans une maison de banque, qu'il quitta bientôt à la tête d'une légion qu'il avait recrutée en Amérique et qu'il amena à l'armée de Garibaldi où on lui donna le grade de colonel.

Nous retrouvons Cluseret, véritable soldat de fortune, en Amérique où il combattit pour le Nord sous les ordres du général Frémont, puis ensuite comme aide-de-camp du général Mac-Clellan.

Après la guerre, Cluseret dirigea un journal, qu'il abandonna à la suite de polémiques assez vives, et partit pour l'Angleterre, après avoir tenté, dit-on, sans succès, de diriger l'agitation féniane.

Cluseret passa de là en France vers 1867, écrivit à Paris, dans le *Courrier Français,* des articles sur la *Situation aux Etats-Unis,* et entra résolument dans le parti républicain socialiste, dont il devint un des plus actifs partisans.

Un journal créé par lui, *l'Art,* dans lequel il publia un article sur l'armée, lui valut une condamnation qu'il subit à Sainte-Pélagie, où il se lia avec les membres de l'Internationale et en particulier avec Varlin. C'est de cette époque que date son affiliation à l'Internationale et ses relations avec les principaux chefs de cette association cosmopolite.

En 1869, il publia, dans *la Démocratie, le Rappel* et dans *la Tribune,* des articles violents contre l'organisation de l'armée, et se trouva ainsi désigné aux persécutions de l'Empire, qui redoublèrent à cette époque contre les républicains. On se souvient qu'un mandat d'amener fut lancé contre Cluseret, au moment des journées de juin 1869, et le récit de la réception qu'il fit à l'agent de police qui vint le trouver dans sa maison de Suresnes a fait assez de bruit pour que nous nous contentions d'en dire quelques mots.

Lorsque le commissaire de police se rendit à son domicile, Cluseret se présenta à lui un revolver d'une main et son acte de naturalisation de citoyen américain de l'autre.

Cependant il consentit à se laisser conduire chez M. Washburne, qui ne craignit pas de le réclamer et de répondre de sa personne, mais en lui imposant l'obligation de quitter la France.

Arrivé à New-York, Cluseret y devint un des plus actifs agents de l'Internationale; il travailla à étendre, en Amérique, les relations déjà si nombreuses de cette société, et à lui conquérir de nouveaux adhérents. Une lettre saisie lors du procès de l'Internationale (1870), nous montre Cluseret préparant déjà, de concert avec l'Internationale, le mouvement dont nous venons de voir la réalisation.

Prévoyant la chute prochaine de Napoléon, Cluseret écrivait à Varlin : « Ce jour-là nous devons être prêts physiquement et moralement. Ce jour-là, nous ou le néant! Jusque-là je resterai tranquille probablement; mais ce jour-là, je vous l'affirme, et je ne dis jamais oui pour non, *Paris sera à nous ou Paris n'existera plus.* Ce sera le moment décisif pour l'avènement du peuple. » Et l'avocat impérial en faisant la lecture de cette lettre au tribunal ajoutait : « Lorsqu'on connaît l'homme dont émanent ces lignes, on ne peut pas les considérer tout à fait comme une vaine forfanterie. »

Cette lettre était datée de New-York, le 17 février 1870. Dès qu'il apprit la chute de l'Empire, Cluseret fut à Paris, et ses agissements à cette époque prouvent qu'il tâta le terrain qu'il croyait mûr pour la réalisation de ses projets. Désavoué publiquement par Rochefort pour un article de la *Marseillaise*, intitulé « *Réaction*, » dans lequel il attaquait le gouvernement du 4 septembre, et en particulier Gambetta, Cluseret comprit qu'il n'était pas encore temps d'agir, et partit pour Lyon, où il tenta vainement le soulèvement qui n'avait pu réussir à Paris.

Pendant le siége, Cluseret passa donc son temps à chercher, en pure perte, à susciter des troubles dans le midi de la France, à Lyon, puis à Marseille. Il fut, à n'en pas douter, un des conseillers du Comité central, et n'est certainement pas resté étranger à la révolution du 18 mars, préparée et très vite exploitée par l'Internationale.

Cependant, soit que l'Internationale se défiât de Cluseret, soit que Cluseret lui-même n'eût pas confiance dans la réussite du mouvement, ce ne fut qu'après les sorties des 2, 3 et 4 avril que Cluseret fut placé par la Commune à la tête des affaires militaires. Cluseret apporta dans l'exercice de ses fonctions l'absolutisme et le pédantisme qui formaient le fond de son caractère. Son indépendance vis-à-vis de la Commune, à qui il ne lui plaisait pas de rendre des comptes et aux ordres de laquelle il refusait de subordonner sa volonté, lui créa vite des ennemis, ainsi que parmi les membres du Comité central, dont il ne ménagea pas les personnalités vaniteuses et incapables.

L'abandon du fort d'Issy, que Cluseret réoccupa cependant lui-même à la tête des gardes nationaux, servit de prétexte à l'arrestation du général, que le Comité central accusait d'entente avec le gouvernement régulier et qu'il disait animé d'une ambition dangereuse pour l'existence de la Commune. Cluseret fut arrêté en pleine séance de la Commune et conduit à Mazas, d'où il sortit pour être conduit à l'Hôtel-de-Ville, où il fut gardé à vue.

Une commission, composée de trois membres de la Commune, fut chargée de l'interroger et de faire une enquête sur les actes qu'on lui imputait. Le rapport de ces délégués conclut pour la mise en liberté de Cluseret qui fut presque aussitôt relâché.

Le caractère froid, hautain et autoritaire de Cluseret fut certainement un des motifs de sa révocation ; il froissa la Commune par son dédain et les membres du Comité central par ses prétentions à la direction absolue des opérations militaires.

Cluseret n'était pas d'un abord facile ni agréable, son maintien un peu guindé n'était pas fait pour attirer à lui. Il est grand, portait toute sa barbe déjà un peu grisonnante, et recevait avec cette politesse glaciale qui est un des traits du caractère américain auquel il a tant emprunté. Cluseret entamait rarement de grandes conversations et n'entrait pas dans des développements inutiles, il allait droit au but, posait des questions brèves et précises auxquelles il répondait de même, et quittait ensuite son interlocuteur pour recevoir d'autres personnes. Sa simplicité était extrême; jamais, ou presque jamais, il ne portait de costume militaire, car il avait toujours eu en horreur les galons et tout ce clinquant dont raffolaient ses officiers. Quand il réoccupa le fort d'Issy, il était en habits civils, la tête coiffé d'un feutre, et sa tenue modeste jurait étrangement avec celle de ses officiers tout cousus d'or et d'argent.

Un de ses premiers chefs a porté sur Cluseret un jugement qui ne manque ni de justesse ni d'à-propos : « C'est un officier de talent, d'un joli physique, mais à qui on peut reprocher d'avoir trop de prétention, se croyant au-dessus du travail et conséquemment le négligeant. »

Si le général Cluseret a fait, depuis l'époque où a été formulé ce jugement (1856), des études que prouvent ses écrits et surtout son livre sur l'*Armée et la Démocratie,* il n'en est pas moins cependant resté prétentieux, plein de lui-même, supportant difficilement la contradiction et le contrôle.

Le général Cluseret avait les défauts et les qualités d'un Américain dont il avait pris le caractère en même temps que la nationalité, il en avait les manières un peu brusques, mais il avait aussi l'activité, la précision, la rectitude de jugement qu'on trouve surtout chez les peuples du Nord. C'était un homme pratique, résolu, détestant les *parleurs* et les *raisonneurs*, qui ne savent prendre aucun parti. On comprend qu'il n'ait pas été au mieux avec cette Commune, qui était la personnification du bavardage et de l'incapacité prétentieuse. Malheureusement Cluseret était par-dessus tout un intrigant qui cherchait à se rendre célèbre par tous les moyens, sans s'occuper s'ils étaient honnêtes et avouables. C'est ce qui explique comment il s'est rallié à un parti dont il avait été, en 1848, un des ennemis les plus acharnés.

Cluseret mis en liberté par la Commune quelques heures seulement avant l'entrée des troupes, a, selon toutes probabilités, quitté immédiatement Paris et la France. On annonce, en effet, son arrivée récente en Amérique.

COURBET.

6e arrondissement. — 2,418 voix.

Gustave Courbet, né à Ornans (Doubs) le 10 juin 1819, n'avait point comme révolutionnaire politique sa place marquée à la Commune. Ses titres aux suffrages des électeurs ont été exposés par lui avec une bonhomie toute bourguignonne, dans une manière de profession de foi.

« Après trente ans de vie publique, révolutionnaire, socialiste, je n'ai donc pas su faire comprendre mes idées ?

» Cependant, je me soumets à cette exigence, le langage de la peinture n'étant pas familier à tout le monde.

» Je me suis toujours occupé de la question sociale et des philosophes qui s'y rattachent, marchant dans cette voie parallèlement à mon camarade Proudhon.

» Reniant l'idéal faux et conventionnel, en 1848 j'arborai le drapeau du réalisme qui seul met l'art au service de l'homme.....

» En 48, j'ouvris un club socialiste.....

» Je suis heureux de vous dire que les peintres, à mon instigation, viennent de prendre l'initiative de la fédération.

» Que tous les corps d'état de la société suivent cet exemple, et à l'avenir aucun gouvernement ne pourra prévaloir sur le nôtre.

» Les associations s'appartenant et étant constituées selon leurs intérêts propres seront « nos cantons » à nous ; se gouvernant elles-mêmes, elles allégeront la tâche de la Commune.

» La Commune n'aura plus à s'occuper que des

intérêts généraux et de ses relations avec le reste de la France.

» Par ce fait, la Commune actuelle deviendra le conseil fédéral des associations. »

Envoyé à Paris pour faire son droit, Courbet s'était adonné presque immédiatement à la peinture. Il fut admis au Salon de 1844, mais ses grands succès datent de 1848, époque à laquelle il accomplit sa grande révolution réaliste dans l'art. Courbet fut l'ami et le camarade de Proudhon.

Courbet a été révolutionnaire en peinture. Il arbora le drapeau du réalisme, méprisant les critiques et les polémiques qu'il suscitait, et eut pour avocat de sa cause un écrivain de talent, Champfleury. Sous le régime impérial, il vécut loin des intrigues et des coteries ; il haussait les épaules devant Nieuwerkerke, exposait dans une salle *à lui* ses tableaux refusés. Enfin, il sut se faire offrir la croix d'honneur pour avoir le plaisir de la refuser.

Elevé au séminaire, Courbet a toujours professé une haine ardente contre les prêtres, qui n'a d'égal que son mépris pour les titres, les honneurs et les croix.

Enumérer ici le nombre considérable de tableaux justement célèbres qu'on doit au peintre d'Ornans serait impossible. Citons au hasard : Les *Casseurs de pierres,* le portrait de *Proudhon,* la *Femme au perroquet,* la *Remise de chevreuils* , l'*Hallali du cerf,* etc., etc.

Quelques étudiants se souviennent encore de la pension Laveur où Courbet prenait ses repas, à côté de son atelier, dans la rue des Poitevins.

On voyait là Vallès, Pierre Denis, Gill, Puissant, Vermesch, etc., assis à la même table, autour de Courbet, en manches de chemise, sans cravate, montrant ses énormes bras et son cou de taureau sur lequel est campée cette fine tête animée par le sourire goguenard du paysan. L'œil est surtout extraordinaire ; c'est l'œil du bœuf au repos.

On ne peut oublier ces soirées étranges où Courbet entonnait parfois, après boire, de ces chansons qui sentent la verdure, le blé et les foins ; où Vallès voulait qu'on brisât le nez à toutes les statues, et qu'on insultât tout ce qui est respectable.

Aujourd'hui, après tant d'événements, ces mêmes hommes se trouvèrent à la tête des affaires ; ils durent souvent renouveler la scène éternellement vraie des deux augures qui ne peuvent se regarder.... sans rire.

Courbet vota contre l'institution du Comité de salut public, ridicule et sanglante imitation de 93, mais il fut quoi qu'il s'en défende, l'inspirateur et se fit l'exécuteur du décret qui ordonnait la démolition de la colonne Vendôme.

Le 9 juin au soir, des agents pénétrèrent dans une maison de la rue Saint-Gilles, où ils trouvèrent un homme en bras de chemise et fumant sa pipe, qui, avant toute question du commissaire de police, répondit :

— Je ne suis pas Courbet ; examinez-moi bien et vous reconnaîtrez votre erreur.

L'agent se mit à rire en entendant cet homme déclarer qui il n'était pas sans qu'on lui eût dit pour qui on le prenait.

Courbet, car c'était bien lui, fut conduit à Versailles, puis ramené à Paris pour être confronté avec d'autres accusés. Il va être jugé ainsi que certains de ses collègues de la Commune par le 3e Conseil de guerre de Versailles.

COURNET.

19e arrondissement. — 5,540 voix.

Frédéric Cournet, né à Lorient (Morbihan), en 1839, est le fils du lieutenant de vaisseau qui commandait, en juin 1848, la barricade du faubourg du Temple. Son père mourut sur la terre d'exil, à Londres, dans un duel malheureux avec ce même Barthélemy qui dirigeait en juin la fameuse barricade du faubourg Saint-Antoine, et qui fut pendu en Angleterre peu de temps après sa rencontre avec Cournet.

Vers 1863 ou 1864 nous trouvons Frédéric Cournet écrivant dans les petits journaux du quartier latin, aussitôt supprimés et reparaissant sous une autre forme. Il était de tous les complots, de toutes les conspirations, de toutes les sociétés secrètes, dont beaucoup, malgré la vigilance des agents de Piétri, échappaient aux investigations de la police.

Vers 1866, il obtint de la Société transatlantique un poste de commissaire à bord de l'un des paquebots qui font le service entre les Antilles et l'Amérique du Sud. En cette qualité, il navigua environ trois ans dans le golfe du Mexique, visitant les îles merveilleuses dont ce golfe est semé, et revint en France au mois de septembre 1868.

Il était à Paris depuis quelques semaines à peine, lorsqu'eut lieu la fameuse manifestation du cimetière Montmartre, auprès de la tombe du représentant Baudin.

Cournet, l'un des orateurs signalés dans cette manifestation, fut arrêté dans la célèbre journée où Pinard mit sur pied 30,000 hommes pour saisir sept ou huit républicains. Sa détention fut de courte durée. Quatre ou cinq jours après son arrestation, il sortait de prison et renouait avec son ami Delescluze des relations qui dataient de loin, mais que les voyages du commissaire de la marine avaient forcément interrompues.

Cournet entra au *Réveil,* où il put donner un libre essor à son ardeur de propagande démocratique, mais ce ne fut pas sans ennuis et sans dangers qu'il collabora à la rédaction de ce journal. Le 13 juin 1869, on fit une descente rue Coq-Héron dans les bureaux du *Réveil;* Cournet fut pris ainsi que Quentin, et resta avec lui soixante-six jours au secret à Mazas. Le seul adoucissement qu'ils obtinrent pendant cette longue détention fut d'être réunis dans la même cellule.

L'amnistie du 15 août leur ouvrit à tous deux les portes de la prison sans qu'ils aient pu connaître le motif de leur arrestation et de leur détention préventive.

Cournet, au sortir de Mazas, n'en continua pas avec moins de vigueur, au *Réveil*, ses campagnes contre l'Empire. Il fut un des organisateurs de l'enterrement de Victor Noir.

Arrêté de nouveau le 8 février au matin sans savoir pour quels motifs, il fut impliqué avec Razoua dans le procès de Blois. Cournet, accusé d'avoir poussé à l'assassinat de l'empereur, se défendit hautement par l'organe de son avocat, Me Floquet, d'une accusation qu'il proclama si contraire à ses principes. Il fut acquitté ainsi que Razoua, et relâché au moment de la chute de l'Empire.

Après le 4 septembre, Cournet ne pensa qu'à la défense de Paris ; élu commandant d'un des bataillons de Montmartre, il ne ménagea point ses forces et paya de sa personne à Drancy et à Bondy. Ses opinions politiques le rangeaient d'avance dans le parti communaliste. Elu à la Commune, ses collègues le placèrent dans la Commission de sûreté, puis dans la Commission exécutive. Après le remaniement des Commissions, Cournet fut nommé de nouveau à la Commission de sûreté générale, et bientôt après délégué à la police en remplacement de Rigault.

Cournet vota pour le Comité de salut public parce qu'il est jacobin et qu'il veut suivre la tradition révolutionnaire. Il est de l'école de M. Delescluze, de cette petite Eglise qui ne veut innover en rien et qui croit assurer le triomphe des idées nouvelles en copiant une époque, en répétant toute une phase et la plus terrible de notre histoire, comme si l'histoire se répétait !

Cournet n'a pas donné signe de vie depuis l'entrée des troupes, on le croit tué dans la lutte qui s'est livrée pendant sept jours dans les rues de Paris.

DELESCLUZE.

19e arrondissement. — 5,846 voix.

Delescluze (Louis-Charles) est né à Dreux (Eure-et-Loir) le 2 octobre 1809. Il vint faire ses études au collége Bourbon et son droit à Paris, à une époque où la jeunesse des écoles était imbue des principes républicains, pour la défense desquels elle n'hésita pas à prendre plus d'une fois les armes. Après la Révolution de 1830, Delescluze se mêla activement aux sociétés politiques et fut même arrêté au moment du procès d'avril (1834). Impliqué en 1835 dans un complot il quitta la France et se réfugia en Belgique où il rédigea quelque temps le *Journal de Charleroi*.

En 1841 Delescluze prit la direction de l'*Impartial du Nord,* journal de Valenciennes, pour lequel il fut condamné à un mois de prison. Delescluze réclama l'un des premiers la réforme électorale et prit une part très-sérieuse à l'agitation réformiste qui se termina par les fameux banquets de 1848; il fut un des organisateurs du banquet de Lille.

Après la Révolution de février qui amena au pouvoir ses coreligionnaires politiques et ses amis, entre autres Ledru-Rollin, Delescluze fut envoyé à Lille en qualité de commissaire général des départements du Nord et du Pas-de-Calais. C'est ici que se place l'affaire peu connue de *Risquons-Tout* qu'on lui a tant et si souvent reprochée. Voici comment un des collègues de Delescluze, M. Vermorel, raconte dans les *Hommes de* 1848 cette échauffourée célèbre : « Une colonne insurrectionnelle, recrutée dans les faubourgs de Paris, avait été dirigée sur la Belgique pour proclamer la République à Bruxelles; puis au dernier moment, ceux qui avaient pris l'initiative de ce mouvement, effrayés de la responsabilité qu'ils encouraient, avaient retiré leur concours à l'expédition qui était venue aboutir à une échauffourée grotesque dont le théâtre, par une coïncidence singulière, fut un village nommé *Risquons-Tout.* Or, M. Dubois, président du tribunal de Lille, imagina d'ouvrir une instruction contre les auteurs de ces faits. Delescluze s'y opposa, et n'ayant pu vaincre l'obstination du président, le destitua. »

Delescluze fut désavoué par le ministre de la justice qui donna raison au président, et l'impopularité qui rejaillit sur Delescluze dans toute cette affaire fut telle qu'il n'obtint aux élections législatives qu'un chiffre de voix dérisoire.

Delescluze reprit un instant la direction de l'*Impartial,* puis il vint à Paris où il fonda la *Révo-*

lution démocratique et sociale qui lui valut plusieurs condamnations, surtout à propos d'un article sur les affaires de juin 1848.

Le journal fut supprimé après le 13 juin 1849, et Delescluze traduit devant la haute cour de Versailles, fut condamné par contumace à la déportation.

A partir de cette époque jusqu'en 1853, Delescluze vécut à Londres avec son ami Ledru-Rollin. Mais en 1853, renonçant, comme il l'a raconté lui-même, à la sécurité de l'exil, il quitta l'Angleterre pour venir en contrebande à Paris, « oubliant les périls qui menaçaient sa liberté et les surprises qui attendent l'homme en butte aux recherches de la police. »

Deux mois après son arrivée à Paris, Delescluze était arrêté et conduit à Mazas. Condamné comme faisant partie d'une société secrète à quatre ans de détention, il fut envoyé à Belle-Islé, puis transféré successivement à Corte, à Ajaccio, à Marseille et à Toulon.

C'est ici que se place un des plus terribles événements qui l'aient frappé. Le terme légal de son emprisonnement était le 8 mars 1858; mais quelques jours avant cette date on lui signifia, qu'en vertu du décret du 8 décembre 1851, il allait être envoyé pour dix ans à Cayenne.

D'après l'article 1er de ce décret, tout condamné à la surveillance pouvait, en cas de rupture de ban, être transporté en Afrique ou à la Guyanne pour cinq ans au moins et dix ans au plus, par simple mesure administrative. Enfin, l'article 2 étendait facultativement cette disposition aux membres des sociétés secrètes.

C'est l'application de cet article 2 qu'on fit à Delescluze et au nom duquel on l'envoya à Cayenne.

Ce fut le 28 juillet 1858 qu'il partit pour cette

terre de supplice, et il a raconté dans un volume plein d'intérêt : *De Paris à Cayenne*, sa triste et douloureuse odyssée.

L'amnistie de 1859 vint le sauver de la mort lente, mais sûre, que lui réservait son séjour à Cayenne, et il revint en France le 22 septembre 1859.

Delescluze resta longtemps en dehors de la politique et publia seulement pendant l'Exposition universelle le *Panthéon de l'Industrie et des Arts*. Au mois de juillet 1868, après la suppression de l'autorisation préalable, il fonda un journal d'abord hebdomadaire, puis bientôt quotidien, le *Réveil*.

Son premier article lui valut trois mois de prison, auxquels succédèrent six autres mois pour la souscription au monument de Baudin.

La publication du *Réveil* n'a pas eu peu d'influence dans les nombreuses manifestations contre l'Empire qui se sont succédé ces dernières années. La manifestation Baudin qui commença la série si nombreuse de manifestations et de protestations publiques contre l'Empire, avait été organisée par les rédacteurs du *Réveil*.

Delescluze fut encore condamné plusieurs fois pour délits de presse le 14 août 1869 et enfin, quelque temps avant la chute de l'Empire, pour un article dans lequel il avait soutenu le droit qu'a tout citoyen de repousser de vive force des perquisitions nocturnes, faites à d'autres heures que celles qu'a fixées et déterminées la loi. C'est à propos de l'affaire Mégy que Delescluze écrivit cet article, pour lequel il fut condamné à treize mois de prison.

Mais la chute de l'Empire arriva et la République avec elle. Delescluze continua le *Réveil* et commença cette longue série d'avertissements, de conseils et de blâmes contre les hommes du 4 septembre. Au 31 octobre Delescluze fut un instant porté au pouvoir, mais le lendemain le nouveau gouvernement qu'on avait essayé d'installer était chassé et plusieurs de ses membres arrêtés

Aux élections municipales Delescluze, alors emprisonné pour le 31 octobre, fut élu maire du 19e arrondissement. Relâché peu de temps après, il vit son journal supprimé, par un arrêté du général Vinoy, quelques jours après l'émeute du 22 janvier.

Puis vint la capitulation et après elle les élections législatives. Les électeurs parisiens envoyèrent Delescluze à l'Assemblée de Bordeaux avec 154,142 suffrages. Il y parut rarement et y parla moins encore, nous pourrions presque dire pas du tout. Mais il ne donna sa démission qu'après son élection à la Commune, quand cette assemblée eut déclaré incompatibles le mandat de représentant à l'Assemblée nationale et celui de membre de la Commune.

Placé dans la Commission des relations extérieures, Delescluze fut bientôt choisi comme membre de la Commission exécutive jusqu'au jour où celle-ci céda la place à un autre pouvoir. Delescluze fut alors nommé membre de la Commission de la guerre où il fit une rude opposition au général Cluseret, surtout dans les séances secrètes où l'on discuta les actes du délégué à la guerre.

Delescluze a joué à la Commune un rôle très actif et il n'a disparu un moment de la scène que retenu sur son lit par la maladie.

Deux discours de Delescluze ont été surtout remarqués à la Commune. Le premier est une réponse aux attaques dirigées contre la Commission exécutive dont Delescluze faisait partie et que certains membres trouvaient trop molle. Il sut dégager dans ce discours sa responsabilité à l'égard des décrets rendus par la Commune, et affirma en même temps son dévouement absolu jusqu'à la mort à la Commune.

« Croyez-vous donc que tout le monde approuve tout ce qui se fait ici ? Eh bien; il y a des membres qui sont restés et qui resteront jusqu'à la fin, malgré les insultes qu'on nous prodigue, et si nous ne triomphons pas, ils ne seront pas les derniers à se faire tuer, soit aux remparts soit ailleurs. Nous sommes pour les moyens révolutionnaires, mais nous voulons observer la forme, respecter la loi et l'opinion publique. »

On sait comment la Commune sacrifia la Commission exécutive à de petites rancunes et à des jalousies personnelles, et comment, après avoir essayé d'une autre Commission, composée en majorité d'incapables, elle se jeta dans les bras d'un Comité de salut public dont la composition était aussi détestable que celle de la seconde Commission exécutive, mais dont les pouvoirs dépassaient tout ce qu'on peut imaginer de plus absolu.

Delescluze, qui était retenu par la maladie loin des discussions de la Commune au moment de la création de ce Comité de salut public, vint reprendre sa place à l'assemblée quand on avait déjà pu avoir les preuves de l'incapacité et de la violence des membres de ce Comité de salut public. Ce fut Delescluze qui, quoique encore souffrant, porta au Comité le coup de grâce dans un discours prononcé d'une voix presque éteinte et souvent interrompu par les attaques et les injures d'une partie de l'assemblée.

« Il faut que nous sauvions le pays, dit Delescluze, le Comité de salut public n'a pas répondu à ce qu'on attendait de lui. Il a a été un obstacle au lieu d'être un stimulant. Je dis qu'il doit disparaître. Il faut prendre des mesures immédiates, décisives. Votre Comité de salut public est annihilé, écrasé sous le poids des souvenirs dont on le charge, et il ne fait même pas ce que pourrait faire une simple Commission exécutive. »

Le résultat de ce discours fut la démission des membres du Comité de salut public et l'élection de Delescluze parmi les membres du nouveau Comité, fonction qu'il quitta pour prendre à la place de Rossel, fugitif, le poste de délégué à la guerre qu'il conserva jusqu'à sa mort.

Ce petit vieillard, sec et jaune, toujours souffrant, dont la peau était comme du parchemin et dont la personne tout entière semblait revenir de l'autre monde, ce petit vieillard souffreteux était plein d'énergie et de virilité.

Delescluze avait l'immense défaut d'être absolu et exclusif, il avait aussi la manie de l'archéologie en matière politique, c'était un vieux jacobin transporté à notre époque avec tous ses préjugés et qui n'était pas plus capable que ses maîtres d'établir en France autre chose qu'une République formaliste mort-née. Delescluze avait le culte de la Révolution, il en avait même la passion; son exclusivisme politique le rendit d'abord un peu étranger au mouvement du 18 mars qui s'était fait en dehors de lui, mais avec l'adhésion de son parti. C'est ce qui fait que Delescluze arriva difficilement et seulement vers la fin de la Commune, au poste important qu'il occupa. Le jacobinisme que représentait Delescluze, l'ancien aide-de-camp de Ledru-Rollin, n'était pas bien vu à l'Hôtel-de-Ville par les socialistes qui avaient fait la Révolution du 18 mars et qui craignaient toujours que la Révolution, si elle était remise entre les mains de jacobins comme Delescluze, fût seulement politique sans devenir sociale. Delescluze n'avait donc dans cette assemblée que l'autorité que lui donnaient son âge, son talent et son dévouement à la cause révolutionnaire; il était attaqué et combattu par les socialistes purs qui redoutaient un changement politique qui n'aurait pas été en même temps un changement social. Or, Delescluze était, on le sait, l'ennemi du socialisme comme l'avait été Ledru-Rollin en 1848.

Delescluze fut un des rares membres de la Commune qui ne faillit pas à son mandat et à son serment de se faire tuer si son parti ne triomphait pas. Il dirigea la défense des fédérés jusqu'au Vendredi, mais voyant la partie perdue, il résolut de ne pas survivre à la défaite. Il quitta la mairie du onzième arrondissement où s'était transporté le Comité de salut public, et, suivant le boulevard Voltaire, il s'avança au milieu des balles, sans écouter les conseils et les prières de ses amis et de ses compagnons jusqu'à la première barricade établie près du Château-d'Eau. Il resta seul derrière ce tas de pavés qui s'écroulait pierre à pierre sous les projectiles de l'artillerie régulière et tomba frappé de deux balles par les premiers soldats qui s'approchèrent. Blessé à la tempe droite et au côté gauche de la poitrine, il fut littéralement foudroyé.

Pendant ce temps, les maisons du quartier tombaient autour de la barricade conquise, et en s'affaissant sur une poutre encore enflammée, Delescluze eut la peau du front presque entièrement enlevée par une brûlure profonde.

Le corps de Delescluze a été trouvé vendredi 25 mai, après-midi, devant le numéro 5 du boulevard du Prince-Eugène. Il était dans un tas de vingt-huit cadavres. C'est l'architecte Lenormand qui l'a reconnu.

Delescluze était en bourgeois. Il portait un pantalon gris, un paletot noir, un chapeau de soie haut de forme et des bottines vernies. Sa poitrine était, sous son linge, protégée par une peau de lapin. A côté de lui, se trouvait une canne qu'il portait depuis dix ans et qui l'a fait reconnaître tout d'abord.

Relevé immédiatement par les artilleurs de service auprès de la place du Château-d'Eau, il a été fouillé. Il avait sur lui sa nomination de délégué à la guerre, ses insignes et son laissez-passer de membre de la Commune, des lettres de La Cécilia, de Lisbonne, et quelques papiers qui ne laissèrent aucun doute sur son identité. C'est en vain que plusieurs journaux ont répandu le bruit de sa fuite à Londres, où il aurait rejoint plusieurs membres de la Commune. Delescluze a été chercher près de la barricade du Château-d'Eau une mort certaine, et il a été tué dans les circonstances que nous venons de relater, nous en avons des témoignages irrécusables. Sa mort, sans racheter ses erreurs et ses fautes, est cependant assez belle pour faire regretter qu'un homme aussi intelligent, aussi convaincu et aussi brave, n'ait pas fait un meilleur usage de ses incontestables qualités, et ait terminé aussi misérablement une existence qui n'a pas été sans héroïsme et sans grandeur.

DEMAY.

3e arrondissement. — 8,730 voix.

Demay était un vieux républicain socialiste bien connu des habitués des réunions publiques. Dès la promulgation de la loi de 1868, cet ancien clubiste s'empressa d'organiser des réunions, où on put le rencontrer souvent, comme président ou assesseur, et quelquefois, mais plus rarement, comme orateur.

C'était un vieillard à barbe blanche dont les collègues supportaient un peu toutes les excentricités, mais dont ils se moquaient quand il avait fini ses solennels et fort ennuyeux discours. Ses amis l'appelaient « le bon Dieu de la Commune, » voulant peindre par ce mot sa figure vénérable et le respect dont ils entouraient sa vieillesse.

Demay était un ancien ouvrier, un sculpteur, membre de l'Internationale. Il se croyait l'un des fidèles exécuteurs de la grande tradition révolutionnaire, et aurait cru manquer à tout son passé s'il n'avait pas voté les mesures les plus violentes et les plus insensées, du moment qu'on les présentait comme révolutionnaires.

Il avait été choisi comme membre de la Commission d'enseignement, mais il se consacra surtout à l'administration du 3e arrondissement, fonction qui convenait mieux que toute autre à son grand âge et qui l'éloignait fort heureusement des discussions de la Commune, qu'il ne pouvait que pousser dans la plus détestable voie. Il n'y a, en effet, rien de plus terrible que ces vieux révolutionnaires, qui ont souffert toute leur vie pour leurs idées et qui, en arrivant au pouvoir, apportent dans l'exercice de leurs fonctions un esprit de rancune et d'absolutisme vraiment funeste.

Demay, qui pendant tout le siége s'était montré dans les réunions publiques un des adversaires les plus acharnés du gouvernement du 4 septembre, Demay fut poursuivi comme signataire d'une affiche rouge apposée à profusion sur les murs de Paris dans le mois de décembre. On attaquait vivement dans cette proclamation le gouvernement du 4 septembre, auquel on reprochait de ne pas avoir employé les invincibles moyens révolutionnaires (levée en masse, réquisitionnement et rationnement général), qui, selon Demay et ses coaccusés, n'auraient pas manqué de nous donner la victoire. Ils furent tous acquittés, par le 4e conseil de guerre à l'audience du 6 janvier 1871.

DEREURE.

18e arrondissement. — 14,661 voix.

Louis-Simon Dereure, membre de l'Internationale qu'il représenta comme délégué au congrès de Bâle, était un ouvrier cordonnier d'une quarantaine d'années, auquel Rochefort donna la gérance de la *Marseillaise* et qui, parce que son nom était au bas de quelques articles, s'était figuré les avoir écrits et se croyait un homme politique. Condamné pour la *Marseillaise*, Dereure fut encore impliqué dans le procès de Blois, comme ayant conspiré contre la vie de l'empereur. Il fut condamné à trois ans d'emprisonnement.

Sorti de prison, grâce à la révolution du 4 septembre, Dereure fit partie du Comité d'armement du 18e arrondissement (Montmartre), dont il devint l'un des adjoints élus après le 31 octobre. Il patronna dans cet arrondissement la candidature du docteur Clémenceau, qui fut élu maire.

Au 22 janvier, Dereure descendit sur la place de l'Hôtel-de-Ville avec son écharpe à la tête des insurgés. La partie manquée pour eux ce jour-là, fut reprise et réussit le 18 mars. Clémenceau et Jaclard ayant donné leur démission, Dereure resta seul chargé de l'administration du 18e arrondissement.

Dereure était un esprit étroit qui mêlait à une inintelligence absolue de la situation une fatuité, une estime de lui-même assez ridicules. Il a dû sa notoriété à Rochefort, qu'il avait été, comme membre de son comité d'élection, chercher à Bruxelles, et qui le récompensa de sa démarche en le nommant gérant de son journal.

Choisi pour faire partie de la Commission des subsistances, Dereure passa ensuite à la Commission de la justice. Il assistait assez irrégulièrement aux séances de la Commune qui l'avait délégué aux avant-postes d'Asnières, où on le vit souvent la *lorgnette à la main* surveiller les mouvements des troupes.

Dereure vota pour la validation des élections à la majorité absolue des votants, et pour le Comité de salut public. Il avait le fanatisme d'un ignorant et d'un incapable.

Dereure était assez soigné dans sa mise, c'était le plus bourgeois des ouvriers. Sa figure énergique qu'encadraient de beaux cheveux noirs l'auraient fait prendre pour un farouche républicain, si l'on n'avait su qu'il n'avait que l'*air* énergique, et qu'il n'y avait pas d'homme plus calme et plus *prudent* que Dereure.

Sa prudence lui a servi à échapper à la mort où à la prison en s'enfuyant de Paris avant la fin de la lutte, et en gagnant l'Angleterre.

DESCAMPS.

14e arrondissement. — 5,830 voix.

Baptiste Descamps qui n'a, nous assure-t-on, aucun rapport avec son homonyme de la Chambre fédérale des Sociétés ouvrières, est né à Figeac

(Lot), le 29 août 1834. Sa mauvaise santé le força, il y a plus de quinze ans, à abandonner son état de mouleur en fonte qu'il quitta pour entrer comme garçon de bureau dans l'administration de l'Assistance publique après avoir servi dans l'armée.

Au moment du siége, Descamps fit partie de la garde nationale et fut nommé membre du conseil de famille par son bataillon. Sans avoir pris part à aucune des manifestations qui précédèrent le 18 mars, il fut porté presque à son insu aux élections communales par le comité de son arrondissement, et obtint un succès qu'on ne peut attribuer qu'à l'absence de tout concurrent.

Descamps ne fit partie d'aucune commission, ne figura que très-rarement dans les séances de la Commune où il offrit même plusieurs fois sa démission que ses collègues refusèrent toujours d'accepter. Son rôle se borna à l'administration du 14e arrondissement qui l'avait nommé et où il remplissait les fonctions de maire.

Arrêté dans les derniers jours du mois de juin, Descamps figure parmi les membres de la Commune que le 3e Conseil de guerre est appelé à juger.

A. DUPONT.

17e arrondissement. — 3,450 voix.

A. Dupont est âgé de trente ans à peine, il est de taille moyenne, chevelure et moustaches blondes, sa figure et toute sa personne révèlent un homme bien élevé et de manières distinguées.

C'était avant le procès de Blois un simple employé du Crédit foncier, qui s'occupait des questions politiques et sociales. Son avocat, Me E. Arago, a fait à l'audience ce portrait assez flatté de son client : « Qu'est-ce que Dupont ? Appartenant à la plus honnête famille, il a vingt-huit ans ; il est marié, il est père ; il a une femme charmante, pleine de qualités, des enfants qui font toute sa joie, et c'est par un travail opiniâtre qu'il subvient à toutes ses charges. »

C'est chez Dupont, rue Brochant, aux Batignolles, que furent arrêtés, on se le rappelle, la plupart des inculpés du procès de Blois. Dupont avait eu la naïveté de se laisser entraîner dans un complot tramé par des agents de police, et les provocateurs avaient fait de sa maison une véritable souricière dans laquelle il se trouva pris.

La tenue et la défense de Dupont au procès furent assez dignes, elles prouvèrent, si ce n'est pas l'esprit et la perspicacité de l'accusé, tout au moins sa résignation. Dupont fut condamné à quinze ans de prison.

La Révolution du 4 septembre le rendit à la liberté quelques jours après sa condamnation prononcée au mois de juillet 1870. Presque aussitôt Dupont fut nommé commissaire de police du quartier des Champs-Elysées.

Au 18 mars, Dupont vit arriver au pouvoir ses amis et complices du procès de Blois ; il fut nommé chef de la police municipale et se porta candidat aux élections complémentaires du 17e arrondissement.

Elu membre de la Commune, Dupont fut placé par ses collègues dans la Commission de sûreté générale, qui absorba alors tout son temps.

Dupont était un homme réservé et froid dans toute sa personne ; sa crédulité, sa confiance, dont on a pu juger au procès de Blois, n'avaient pas diminué même depuis la terrible leçon qu'il avait reçue. Ces défauts faisaient de lui un bien médiocre homme politique.

Il n'a pas hésité, en effet, à se jeter dans le mouvement communal, même quand il était complétement dévoyé et qu'il semblait déjà perdu. De la part d'un autre que Dupont, cela pourrait passer pour un acte de courage, chez lui c'est le manque d'intelligence et l'ambition qui le poussèrent comme beaucoup d'autres dans un parti où il vit des titres et des honneurs inespérés à recueillir, sans songer aux conséquences terribles qu'entraîneraient pour lui l'acceptation des fonctions qu'il remplissait sous la Commune.

On n'a pas revu A. Dupont depuis le moment où les fédérés ont évacué la Préfecture de police.

CLOVIS DUPONT.

3e arrondissement. — 5,661 voix.

Clovis Dupont est un de ces inconnus que les électeurs ont envoyés à la Commune, tandis qu'ils auraient bien mieux fait de les laisser exercer tranquillement leur métier.

Clovis Dupont était un ouvrier vannier, membre de l'Internationale, âgé d'un peu plus de trente ans. Petite tête et longs cheveux, voilà les traits distinctifs de sa personne fort peu remarquable et fort peu intéressante, du reste, à tous les points de vue. Clovis Dupont travaillait à Saint-Cloud, et ne s'était nullement mêlé aux mouvements politiques sous l'Empire, quand survint le siége de Paris.

Renfermé dans nos murs, Clovis Dupont se prodigua, surtout après le 31 octobre, dans les réunions publiques, où il se fit une facile popularité en attaquant le gouvernement de la défense nationale.

Les réfugiés du département de Seine-et-Oise le portèrent sans succès sur la liste des démocrates socialistes, qu'ils proposèrent pour les élections législatives du mois de février.

Membre du Comité central, Clovis Dupont fut cette fois plus heureux, car il n'eut qu'à se porter dans un arrondissement, le 3e, lors des élections à la Commune, pour que son titre de membre du Comité lui assurât plusieurs milliers de suffrages.

Membre de la première Commission du travail, Dupont prit une part peu remarquée aux discussions de la Commune. Il vota pour le Comité de salut public, et signa à ce propos la déclaration de Blanchet, qui voulait l'institution d'un Comité de salut public « pour faire trembler les lâches et les traîtres. »

C. Dupont a dû réussir, grâce à la complète obscurité dans laquelle il est resté pendant la Commune, à s'enfuir sans qu'on ait pu le reconnaître.

DURAND.

2e arrondissement. — 2,874 voix.

Durand (Jacques), ouvrier cordonnier, âgé de cinquante-cinq ans environ, est l'organisateur de la société des coupeurs en chaussures.

Durand, très-connu, paraît-il, dans le monde ouvrier, s'est mêlé très-activement au mouvement des réunions publiques, dans lesquelles son esprit humoristique lui valut de nombreux succès. Le sujet habituel de ses discours, si l'on peut appeler ainsi des causeries familières pleines de saillies d'un goût plus que douteux, était le clergé sur lequel il frappait à cœur joie.

A un point de vue plus sérieux, J. Durand ne nous semble pas avoir représenté d'autres idées que celles que peut avoir un ouvrier peu instruit, qui ne sort pas de quelques thèses favorites bien rebattues. Durand, qui pouvait être un orateur très-goûté des réunions publiques, n'avait rien de ce qu'il fallait pour représenter un parti quelconque à la Commune.

Il fut placé dans la Commission de la justice, qui possèdait déjà un confrère de Durand, le cordonnier Dereure, sans avoir aucune des capacités nécessaires pour l'étude des questions que cette Commission était appelée à résoudre.

J. Durand vota pour le Comité de salut public parce qu'il avait, dit-il, conscience de la situation et qu'il tenait à rester conséquent avec les engagements pris par lui devant les électeurs. C'est, du reste, cette dernière excuse qui a servi à plusieurs membres pour justifier un vote dont ils semblaient redouter la responsabilité qu'ils renvoyaient ainsi à leurs mandants. C'est l'excuse des lâches et des incapables.

J. Durand n'a point été arrêté, mais on ne signale point jusqu'ici sa présence dans un des refuges choisis à l'étranger par beaucoup de ses collègues.

DUVAL.

13e Arrondissement. — 6,630 voix.

Emile-Victor Duval, âgé de trente ans, était un ouvrier fondeur en fer doué d'une nature ardente et plein d'un dévoûment absolu, aveugle à la cause révolutionnaire, à laquelle il consacra son existence et jusqu'à sa vie. Duval faisait depuis longtemps partie de cette troupe d'hommes résolus que Blanqui et ses agents avaient su endoctriner sous l'Empire pour les lancer au jour décisif et en faire les entraîneurs de la population ouvrière. Duval était peut-être de tous ces blanquistes, celui qui s'était le mieux assimilé les idées les plus violentes du parti et qui les avait même poussées au point de paraître aux yeux de ses chefs les exagérer outre mesure.

Duval faisait partie de l'Internationale depuis 1867. Avant tout, homme d'action et fidèle disciple de Blanqui, il n'avait pas manqué une occasion d'agiter et de soulever ses camarades. Ce fut lui qui organisa il y a deux ans la célèbre grève des ouvriers fondeurs. Il fut délégué par les grévistes à Londres auprès du conseil de l'Internationale dont il obtint d'importants subsides qui permirent aux ouvriers de tenir longtemps tête à leurs patrons. Duval fut envoyé par les ouvriers fondeurs à la chambre fédérale des sociétés ouvrières, et c'est à ce double titre de membre de l'Internationale et de membre de la chambre fédérale qu'il dût d'être impliqué dans le procès de 1870 dirigé contre l'Internationale. Accusé d'avoir fait partie de société secrète , mais seulement comme *simple membre*, Duval répondit en ces termes à l'avocat impérial, qui demandait sa condamnation en vertu de l'art. 291, qui prohibe toute société non autorisée et composée de plus de vingt personnes : « Quant à moi, je n'accepte pas plus les arrêts que l'on pourra prononcer contre moi en vertu de l'article 291 que la poursuite pour société secrète ; car la majorité des sociétés ouvrières, financières ou cléricales, sont comme l'Internationale, sous la tolérance, et ne sont pas plus autorisées que nous. » Il revendiqua ensuite hautement la solidarité la plus complète avec ses co-inculpés : « Je ne vois pas pourquoi l'on fait des catégories parmi nous. Nous sommes tous frères, nous avons tous le même but, si l'un de nous est coupable, tous nous devons l'être. »

Dans sa défense, Duval ayant attaqué les *faiseurs de coups d'Etat,* le président lui retira la parole.

Duval fut condamné à deux mois de prison et vingt-cinq francs d'amende comme ayant fait partie de l'Internationale, association non autorisée composée de plus de vingt personnes.

Nous retrouvons Duval au 4 septembre, proclamant l'un des premiers la République. Mais ne trouvant pas que le gouvernement de la défense remplissait le mandat révolutionnaire dont il le prétendait investi, il fut l'un des chefs des bandes insurrectionnelles qui envahirent l'Hôtel-de-Ville le 31 octobre et qui l'attaquèrent sans succès le 22 janvier.

Duval dut à l'obscurité presque complète de son nom de ne pas être compris alors dans les poursuites dont furent l'objet plusieurs des chefs de ces deux échauffourées.

Après l'insuccès du 22 janvier, Duval n'en continua pas moins à conspirer, cette fois en secret, contre le Gouvernement. Il fut avec Eudes l'un des premiers généraux du Comité central, qui le nomma commandant du secteur de la rue Haxo, à Belleville, avant même le 18 mars.

Le 18 ou le 19 mars, Duval fut chargé par le Comité central de s'emparer de la Préfecture de police, où il s'établit comme commandant militaire à côté de Raoul Rigault.

Ces deux *blanquistes* remplirent la Préfecture de leurs créatures, c'est-à-dire des anciens conspirateurs groupés au nombre d'environ huit à neuf cents par Blanqui ou ses agents sous l'Empire. Ce sont ces hommes, nourris depuis des années dans les idées révolutionnaires, qui n'ont reculé devant aucun forfait et qui, tout dévoués à leur chef Rigault, ont fait trembler jusqu'aux membres de la Commune eux-mêmes.

Le 25 mars, le Comité central remit officiellement les pouvoirs militaires de Paris entre les mains de trois délégués, parmi lesquels était Duval. Ces delégués devaient avoir le titre de généraux avant l'arrivée de Garibaldi « acclamé général en chef » de la garde nationale.

Les élections communales du 26 mars appelèrent Duval à siéger au nombre des membres de la Commune. Ses collègues le placèrent dans la Commission exécutive et dans la Commission militaire ; mais ces fonctions qu'il conserva jusqu'à sa mort ainsi que celle de commandant militaire de l'ex-Préfecture de police, furent surtout honorifiques.

Duval donnait tous ses soins à ses fonctions militaires, et ce fut lui qui fut chargé de diriger un des corps d'armée qui tentèrent cette inepte sortie des 2, 3 et 4 avril.

Il devait marcher sur Versailles par le Bas-Meudon, Chaville et Viroflay. On se rappelle que cette sortie dont le résultat devait être et était même déjà d'après les journaux officieux de la Commune la prise de Versailles, se termina par la déroute des fédérés.

Fait prisonnier à Châtillon, Duval fut emmené

au Petit-Bicêtre, où le rencontra le général Vinoy. On raconte que ce dernier ayant fait cette question : Si vous m'aviez pris, m'auriéz-vous fait fusiller? Duval répondit : Je l'aurais fait sans hésiter. C'est à la suite de cette réponse que le général Vinoy aurait ordonné l'exécution de Duval, qui fut fusillé sur-le-champ, et qui tomba au cri de : Vive la République! vive la Commune! Duval laissait une veuve et deux enfants.

Duval, comme il l'a dit lui-même, n'était pas un faiseur de politique. Il est tombé héroïquement, comme tant d'autres, croyant servir la cause de la République qui s'identifiait pour lui avec celle de la Commune. C'était un de ces hommes ardents, emportés, dont l'intelligence ne savait pas aller au delà du dévoûment et de l'abnégation à une cause qui représentait à leurs yeux l'avènement et la réalisation de ces doctrines mal définies, de ces aspirations vagues qui grisent si facilement les cerveaux faibles, et que savent si bien exploiter à leur profit les intrigants politiques.

EUDES.

11e arrondissement. — 17,392 voix.

Eudes (Emile-François) est une des figures les plus curieuses de la révolution du 18 mars. Ce général de vingt-six ans est né à Roncey (Manche), en 1844, est grand, il a le visage brun et pâle. Sous son nez droit se dessine une fine moustache noire.

Eudes a été autrefois pharmacien, puis correcteur d'imprimerie et sténographe. Il a été également gérant de *la Libre Pensée*.

Nous nous souvenons encore de l'impression douloureuse que nous causa l'affaire de la Villette; au mois d'août 1870, au moment où la France était écrasée sous le poids des défaites, à l'instant où se préparait le sinistre drame de Sedan, au milieu du jour, en plein soleil, à Paris, une bande d'inconnus assaillait dans la Grande-Rue de la Villette une caserne de pompiers. Il y avait des victimes, des sentinelles avaient été poignardées. Il n'y eut qu'un cri de haine et de vengeance : Pas de pitié, ce sont des Prussiens! s'écria-t-on.

Le procès commença au milieu du dégoût public. Les tribunaux militaires fonctionnaient à cette époque, l'opinion réclamait à grands cris qu'on passât ces misérables par les armes.

La première audience du Conseil de guerre condamna à mort quelques coupables et fit grâce à plusieurs autres.

Le lendemain, 29 août, Eudes, qui avait été arrêté, fut interrogé à son tour. Il regarda en face le Conseil, et se défendit en ces termes :

« Je proteste contre la pensée d'avoir voulu favoriser la Prusse; j'ai voulu au contraire, pour repousser l'invasion, renverser l'Empire, j'ai cru le moyen bon, mais quant à commettre un meurtre et un assassinat, jamais! Les traîtres à la patrie ne sont pas parmi les républicains.....

» J'ai à protester contre l'infâme calomnie qui consiste à dire que j'étais de connivence avec les Prussiens. Je mets quiconque au défi de prouver rien de semblable. Si c'est ma tête que l'on veut, prenez-la! mais ne me déshonorez pas! »

Eudes fut condamné à mort par le Conseil de guerre, ainsi que son co-inculpé Brideau.

Pendant l'instruction du procès, le juge Bernier avait fait venir la femme d'Eudes dans son cabinet. M. Bernier savait par sa police, qu'Eudes cachait Blanqui, l'âme du complot. Le juge avait insisté auprès de cette femme pour qu'elle dénonçât la retraite du vieux conspirateur.

La femme d'Eudes répondit au juge qu'elle ne savait ce qu'il voulait dire ; et rien ne put lui arracher le secret qu'on lui avait confié.

La Révolution du 4 septembre ouvrit à Eudes les portes de la prison.

Pendant le siége de Paris, il fut nommé chef de bataillon au faubourg Saint-Antoine et collabora à la *Patrie en danger*, de Blanqui, avec Brideau et Caria.

Le commandant Eudes fut cassé de son grade et emprisonné à la suite du 31 octobre.

Bientôt relâché, puis ensuite acquitté, Eudes partit pour Bruxelles, mais le 19 mars il était à Paris, se mettant à la disposition du Comité central, qui voulut utiliser son activité révolutionnaire, plus réelle que ses capacités militaires, en le nommant général. Il fit partie de la sortie de la garde nationale dirigée par Flourens, Duval et Bergeret, et eut dans cette affaire un commandement important.

Nommé ensuite commandant des forts du Sud, il fut un instant écarté de ce poste par Cluseret, qui le relégua au rang d'inspecteur.

Eudes fit tout d'abord partie de la Commission exécutive, mais il ne prit qu'une part insignifiante aux discussions de cette Commission.

Placé à la tête d'un corps de réserve, il fut ensuite nommé, dans les derniers temps de la Commune, membre du second Comité de salut public.

Eudes fut un derniers chefs de l'insurrection dans Paris, il avait quitté son élégant costume de général de division et dirigea en bourgeois la défense de Belleville jusqu'au dimanche 27 mai. Il disparut ce jour-là et on annonce son arrivée à Londres où il a rejoint plusieurs de ses anciens collègues de la Commune et du Comité de salut public.

FERRÉ.

18e arrondissement. — 13,784 voix.

Ferré (Théophile-Charles-Gilles) est un de ceux dont le portrait physique est le plus difficile à prendre, car la mobilité et la vivacité de sa nature empêchent l'observateur de saisir un ensemble qui se dérobe toujours à ses yeux. Figurez-vous un homme d'une taille plus que minuscule, ayant la figure presque couverte d'une barbe et de favoris noirs d'où émergent deux verres de binocles abritant deux prunelles du noir le plus foncé, et vous aurez une idée de la personne de Ferré. Mais où il est encore plus drôle, c'est quand il parle; il se lève alors sur la pointe des pieds comme un coq en colère, et pousse des sons aigus, qui constituent ce qu'on peut appeler improprement sa voix. Ferré, né à Paris, a vingt-cinq ans; c'est un ancien comptable.

On nous a raconté le fait suivant qui s'est passé il y a trois ans, lors de la manifestation Baudin. Au milieu du recueillement et de la douleur muette des assistants, on entendit pousser des cris de « Vive la République! la Convention aux Tuileries! la Raison à Notre-Dame! » et l'on vit que c'était Ferré qui s'était juché sur un monument voisin de la tombe pour pousser ces intempestives exclamations.

On retrouva depuis Ferré dans les réunions publiques où il récolta plus de jours de condamnations que d'applaudissements. Ses discours étaient toujours des appels à la violence pour la restauration des institutions de 93. On se contentait généralement de sourire en écoutant ce sectaire, ce fanatique jacobin dont la minuscule personne amusait beaucoup les assemblées.

Ferré fit plus d'un séjour à Sainte-Pélagie pour délits commis dans les réunions publiques. Lors du procès de Blois, il fut arrrêté et accusé avec Dupont de complot contre la sûreté de l'Etat et la vie de l'empereur.

La défense de Ferré fut moins calme que celle de Dupont ; il se fit remarquer par ses réponses violentes au président et cependant les preuves manquant contre lui on l'acquitta.

Après le 4 septembre, Ferré fit partie des compagnies de marche du 152e bataillon, de Montmartre. Rien n'était plus drôle que de voir ce petit homme enveloppé dans une capote qui lui tombait sur les talons et sur laquelle il marchait presque. Ferré garda cette tenue militaire même après son élection, et ce n'est que dans les derniers temps de la Commune qu'il remplaça la capote par un paletot élégant et par une toilette neuve qu'il avait l'air heureux mais un peu embarrassé de porter.

Membre de la Commission de sûreté générale, Ferré dirigea la préfecture de police avec son ami Raoul Rigault, et ce n'est pas lui qui est le moins responsable de toutes ces arrestations illégales qui ont signalé leur passage à la Préfecture.

La Commune avait remplacé Rigault par Cournet, mais un revirement s'étant opéré dans l'assemblée, et les esprits exaltés ayant eu de nouveau le dessus on remplaça Cournet par Ferré, encore plus insensé et plus incapable si c'est possible que Rigault.

Membre de la Commune, Ferré vota pour le Comité de salut public, et se fit remarquer dans les discussions de cette assemblée par la violence continuelle de son langage. — C'est un homme ignorant et incapable, un sceptique imbu des idées de 93 et qui voudrait nous ramener à ces jours de si triste mémoire dont la Commune a encore su dépasser toutes les horreurs.

Ferré qui après l'incendie de la Préfecture s'était retiré à la mairie du 11e arrondissement avait été arrêté une première fois. Il avait réussi à s'échapper de la Roquette sous un déguisement de femme, et la police désespérait de l'arrêter de nouveau quand une dénonciation anonyme annonça qu'il était caché dans une maison de la rue Montorgueil.

Le 10 juin, à trois heures du matin, la maison fut cernée sans bruit et Ferré fut arrêté dans une chambre du dernier étage. Conduit à Versailles, il refusa de répondre à tout interrogatoire et de choisir un défenseur. Il comparaît devant le 3e conseil de guerre qui va juger les membres de la Commune arrêtés, et n'a pas perdu devant la justice ce cynisme dont il a fait preuve sous la Commune.

FLOURENS.

20e Arrondissement. — 13,498 voix.

Gustave Flourens, né à Paris le 4 août 1838, était fils de Pierre Flourens, le savant professeur du collége de France, secrétaire perpétuel de l'Académie des sciences.

Sa figure, pleine d'intelligence, de calme et de

bonté, ne s'animait que dans la discussion et prenait alors un air inspiré et même halluciné qui étonnait ses auditeurs.

Ses yeux d'ordinaire si clairs et si doux brillaient alors comme du feu et transfiguraient entièrement sa physionomie. Sa haute stature, sa démarche noble et fière, inspiraient le respect comme toute sa personne, et malgré tous ses actes qu'on a pu quelquefois taxer de folie, on ne l'entendit jamais traiter comme un homme de mauvaise foi.

On le blâmait, on l'attaquait, mais on le respectait et on l'admirait.

Flourens fit de brillantes études au collége Louis-le-Grand, et se fit recevoir licencié ès lettres et licencié ès sciences de très bonne heure. Il obtint, à vingt-cinq ans, de suppléer son père dans sa chaire d'histoire naturelle au collége de France, et fit un cours de cinquante leçons sur les races humaines, dans lequel il affirma des opinions matérialistes et révolutionnaires qui contrastaient étrangement avec les opinions spiritualistes qu'avaient toujours professées son père. Son livre sur la *Science de l'homme*, dont le premier volume seul a paru, est comme le résumé, la synthèse des doctrines qu'il exposa dans ce cours. M. Duruy, qui avait déjà cédé à la pression des feuilles religieuses en révoquant M. Renan, sacrifia également le jeune Flourens aux rancunes des cléricaux.

G. Flourens ne pouvant remplacer son père l'année suivante dans sa chaire du collége de France, se mit à voyager en Angleterre, en Belgique et en Orient, où il fit de nombreuses conférences politiques et scientifiques. Mais déjà le jeune savant était imbu des idées révolutionnaires pour lesquelles il donna sa vie. Il avait voulu courir au secours de la Pologne, mais le caractère aristocratique de la révolution polonaise l'avait empêché d'y prendre part.

A cette époque, en 1866, la Crète venait de se soulever contre la domination ottomane, et cette malheureuse petite île avait jeté en vain un cri de détresse auquel l'Europe était restée insensible.

Flourens, qui se trouvait alors à Athènes, s'embarqua immédiatement pour aller prendre une part active au soulèvement des Candiotes.

Pendant plusieurs mois, il vécut avec eux de la vie d'insurgé dans la montagne, et sa tête fut mise à prix par les Turcs. Revenu à Paris pour assister aux derniers moments de son père, il retourna ensuite en Crète, où il fut nommé membre de l'assemblée nationale, et envoyé comme député auprès du gouvernement hellénique.

A peine débarqué à Athènes, Flourens fut arrêté par ordre du ministre grec Bulgaris et transporté de vive force, malgré ses protestations, sur un bateau français en partance pour Marseille. Mais à peine débarqué, Flourens repart en Crète, où il assista aux derniers efforts de la résistance insurrectionnelle.

Il revint alors en France à la fin de 1868, après avoir passé par l'Italie, où il fut emprisonné pour un article dirigé contre le gouvernement italien. C'est à cette époque qu'il se mêla activement à la lutte déjà si vive, inaugurée dans les réunions publiques contre l'empire. Il fut, au mois de mars 1869, condamné à trois mois de prison pour offenses envers l'empereur, à l'occasion d'un discours prononcé dans une réunion publique de Belleville.

Au sortir de prison, il provoqua Paul de Cassagnac, qui l'avait insulté dans le *Pays* pendant sa détention.

L'histoire de ce duel, qui eut lieu au Vésinet le 5 août 1869, a édifié les ennemis mêmes de Flourens sur son courage; il reçut une blessure en pleine poitrine, ce qui ne l'empêcha pas, après sa guérison, de reprendre avec une nouvelle vigueur ses luttes contre l'empire, dans les réunions publiques dont il devint l'un des orateurs habituels, et dans plusieurs journaux démocrates, le *Rappel*, la *Marseillaise* et la *Réforme*.

L'enterrement de Victor Noir, qui eut lieu le 22 janvier, à Neuilly, et à propos duquel Flourens voulait marcher immédiatement sur Paris, fit de lui le véritable chef du parti révolutionnaire. Rochefort, dont Flourens avait soutenu la candidature et avec lequel il rompit ouvertement dans un article de la *Réforme*, publié à l'occasion de l'enterrement de Noir, était accusé de désertion par les révolutionnaires qui lui reprochaient d'avoir maintenu le peuple dans une prudente réserve à Neuilly.

L'arrestation de Rochefort donna lieu, le 7 février, à une sorte d'émeute dont Flourens donna le signal en arrêtant un commissaire de police dans la salle de la Marseillaise et en cherchant à soulever les quartiers de Belleville, de la Villette et de Ménilmontant.

Il a raconté, dans un article de la *Réforme*, avec cette naïveté qui était le fonds de son caractère, qu'il resta seul avec un tout jeune homme pour défendre les barricades de Belleville. L'émeute n'eut donc aucune suite, et Flourens fut obligé de se dérober par la fuite à un mandat d'amener lancé contre lui.

Il se retira en Hollande et passa de là à Londres où il se lia avec un nommé Beaury, qui le mêla indirectement au complot de Blois. La haute Cour de Blois condamna Flourens par contumace, aux travaux forcés à perpétuité.

La révolution du 4 septembre lui permit de rentrer en France, où il attaqua dès son arrivée le Gouvernement de la Défense nationale, qui le nomma cependant, avec Rochefort, membre de la commission des barricades.

Flourens avait été élu commandant par plusieurs bataillons de Belleville, et le Gouvernement le laissa prendre le grade de major qui lui donnait tous les pouvoirs militaires de l'arrondissement.

Au 31 octobre, Flourens qui avait déjà eu plusieurs démêlés avec le Gouvernement, qui avait plusieurs fois voulu l'arrêter, s'empara, avec ses cinq cents tirailleurs, de l'Hôtel-de-Ville, et fit prisonniers les membres du Gouvernement.

Dans la nuit du 31 octobre, il fit partie de ce Gouvernement provisoire qui vécut jusqu'au matin, et il put sortir de l'Hôtel-de-Ville sans être arrêté, après la réinstallation du Gouvernement de la Défense nationale. Quand le conseil de guerre fut appelé à juger les accusés du 31 octobre, Flourens, qui avait été arrêté depuis et emprisonné à Mazas, venait d'être délivré pour la seconde fois par les gardes nationaux.

Condamné à mort par contumace, il resta caché jusqu'au 18 mars et ne figura pas parmi les membres de ce Comité central qui prit la direction du mouvement révolutionnaire. C'est à ce moment qu'il publia un petit opuscule : *Paris livré,* où il dénonça avec énergie les fautes de la défense.

Le 25 mars, Flourens reprit comme adjoint, avec le maire élu Ranvier, les fonctions municipales dont ils n'avaient pu prendre possession sous le Gouvernement de la Défense nationale et que remplissait une commission provisoire.

Nommé membre de la Commune dans le 19 et le 20e arrondissements, il opta pour le dernier et reprit le commandement des bataillons de Belleville et de Montmartre.

Placé par la Commune dans la Commission militaire, il s'occupa peu de politique et commanda, lors de la sortie du 2 avril, les bataillons fédérés qui firent une démonstration militaire sur la route de

Rueil. C'est là qu'il trouva la mort dans les circonstances suivantes :

Une escouade de gendarmes chargée d'opérer une reconnaissance, franchit la Seine en bateaux, malgré la surveillance exercée par les tirailleurs, et se présenta inopinément devant la gare où Flourens, escorté de plusieurs officiers, revenait d'une inspection. Se voyant cerné, Flourens tira son revolver et blessa assez grièvement l'un des gendarmes; aussitôt il fut entouré avec ses aides de camp; une mêlée à l'arme blanche s'engagea, et le général de la Commune tomba frappé mortellement de deux coups de sabre sur la nuque. C'est l'officier commandant la petite escouade qui le tua.

Le cadavre de Flourens fut transporté dans la maison d'un cultivateur de l'avenue, puis chargé sur un tombereau rempli de paille et dirigé sur Versailles où on le rendit à sa famille.

Le 6 avril 1871, à huit heures du matin, un modeste corbillard montait lentement la rue de la Roquette et pénétrait dans le cimetière du Père-Lachaise. Quatre personnes le suivaient, une femme, deux jeunes gens en grand deuil, — la mère et les frères du mort, — et un prêtre.

C'étaient les funérailles de Flourens.

Ainsi mourut ce jeune homme, dans toute la force de la virilité, à l'âge de trente-trois ans. Soldat dévoué de cette Commune dont son honnêteté et sa grandeur d'âme lui auraient certainement fait flétrir les actes ultérieurs, il est mort en héros et a laissé une mémoire respectée de ses ennemis eux-mêmes.

FORTUNÉ.

10e arrondissement. — 11,354 voix.

Fortuné (Henri) est un méridional né à Toulouse, plein de jactance, qui, quoique âgé d'une quarantaine d'années, a les cheveux tout blancs, ce qui donne à sa physionomie encore jeune et d'une vivacité remarquable un aspect d'une bizarrerie et d'une originalité vraiment curieuses.

Fortuné est né à la vie politique avec le Comité central dont il a été un des agents les plus actifs. Elu à la Commune, il y est resté presque inconnu, quoiqu'il semblât très désireux de faire parler de lui et qu'il se montrât partout, comme Babick, revêtu de tous ses insignes de membre du Comité central et de la Commune.

Fortuné fut nommé membre de la Commission des subsistances. Il vota pour la formation d'un Comité de salut public, et se rallia en général à toutes les mesures violentes prises par la Commune.

C'était un incapable qui cherchait, comme beaucoup d'autres, à cacher son ineptie sous des motions violentes et même souvent cruelles. Ces gens qui deviennent révolutionnaires par la seule crainte de devenir suspects à leurs électeurs ou à leurs collègues, sont les plus terribles ; ils sont d'autant plus implacables et plus prompts à adopter les mesures les plus violentes que la discussion de leurs actes montrerait avec quelle légèreté et quelle ignorance ils ont pris les décisions si graves dont ils n'hésitent pas à encourir la responsabilité.

A voir le pas délibéré et la démarche toute juvénile de ce brillant officier de la garde nationale à la figure intelligente et ouverte, on aurait pu croire qu'on était en présence d'un homme intelligent et sensé; mais on s'apercevait bien vite que Fortuné n'était qu'un incapable, plein de vanité, qui ne reculait devant aucun acte qu'il croyait pouvoir prolonger la durée du mandat que plus de onze mille électeurs avaient, nous ne savons pourquoi ni comment, confié à un homme aussi inconnu et qui était si digne de ne sortir jamais de l'obscurité dans laquelle il était resté jusqu'alors.

H. Fortuné est un de ceux dont on a annoncé l'arrestation et qui, vérification faite, n'est point entre les mains de la justice.

FRANKEL.

13e arrondissement. — 4,520 voix.

Léo Frankel, né à Bude le 28 février 1844 était un ouvrier bijoutier. Fils d'un médecin, il avait reçu une instruction qui le plaça bien vite à la tête de l'Internationale. Mais quoique imprégné de philosophie et de métaphysique comme tous les Allemands, Frankel était cependant un des esprits les moins sensés de la Commune.

Il était petit, maigre, et avait le physique d'un juif, le nez crochu, le visage osseux, un vrai type de *Gobseck*. Comme tous ses compatriotes, il avait la conception lente et laborieuse; sa parole, plus lente encore, rappelait par l'accent l'origine étrangère de l'orateur.

Il servit sous Garibaldi et combattit à Aspromonte, mais son intervention dans les troubles de la péninsule le força bientôt à quitter l'Italie.

Ainsi que plusieurs de ses collègues, Frankel dut sa notoriété au dernier procès de l'Internationale, où il prononça un discours dans lequel il fit preuve d'une certaine connaissance de l'économie politique.

Membre du conseil fédéral de l'Internationale comme délégué de la section allemande, Frankel fut par sa propre volonté compris dans les poursuites intentées aux membres français de l'Association. Il défendit l'Internationale du reproche de fomenter les grèves et de travailler à une révolution politique. « L'Internationale considère que tout mouvement politique doit être subordonné à son but, lequel est un but social ! » dit Frankel. L'Internationale n'est pas solidaire, comme on veut le faire croire, « d'une association qui, d'après les correspondances saisies, voulait rétablir la Constitution de 1793. » Nous nous permettrons de constater que les représentants de l'Internationale semblèrent sous la Commune avoir oublié complétement leurs déclarations passées et ne s'occupèrent que d'imiter ou plutôt de parodier 93.

Après une discussion économique sur les grèves, Frankel termina ainsi : « L'Association internationale est un arbre qui a pris racine dans tous les pays, et ce serait une entreprise naïve que de prétendre tarir la sève qui coule sous son écorce en coupant l'une ou l'autre de ses branches.

» A ceux qui ne savent pas interpréter les signes des temps, qui s'imaginent que le mouvement social va s'arrêter devant ce procès, à ceux-là je crie la parole de Galilée : *E pur si muove.*

» L'union des prolétaires de tous les pays est un fait accompli ; aucune force ne peut plus désormais les diviser. »

Léo Frankel fut condamné à deux mois de prison et à 25 francs d'amende.

Sa participation aux actes de l'Internationale le fit élire à la Commune, où son élection fut validée quoiqu'il fût étranger.

Membre de la Commission du travail et de l'échange, Frankel fut ensuite élu délégué unique à cette Commission, dont les autres membres ne formèrent plus qu'un comité d'études et de contrôle. Si Frankel connaissait à fond les questions sociales qu'il avait discutées dans de nombreux journaux allemands, ce n'en était pas moins un politique à courte vue, à idées fausses et étroites.

Frankel vota pour la validation des élections à la majorité absolue des votants et pour le Comité de salut public. A ce propos, nous allons montrer l'illogisme de sa conduite politique en reproduisant son vote qu'il a ainsi formulé : « *Quoique je ne voie pas l'utilité de ce Comité,* mais ne voulant pas prêter à des insinuations contraires à mes opinions révolutionnaires socialistes, et tout en réservant le droit d'insurrection contre ce Comité, *je vote pour.* » Les prémisses ne faisaient point présumer une semblable conclusion, et la logique du raisonnement de Frankel, quoiqu'il soit né dans le pays de la logique a paru tellement discutable que Jourde l'a spirituellement relevée, et en a montré tout le ridicule dans son vote sur la même question.

Frankel a dû à sa qualité d'étranger et d'Allemand de pouvoir traverser sans encombre les lignes prussiennes et de gagner ainsi son pays natal où il est maintenant à l'abri de toute arrestation.

GAMBON.

10e arrondissement. — 10,734 voix.

Gambon (Charles-Ferdinand) était un ancien représentant du peuple, né à Bourges le 19 mars 1820. Fils d'un négociant d'origine suisse, il vint faire ses études à Paris et fut reçu avocat à dix-neuf ans, en 1839. Il se mêla au mouvement républicain et fonda, au quartier latin, le *Journal des Ecoles*, organe de la jeunesse républicaine. En 1846, Gambon fut nommé juge suppléant à *Cosne* (Nièvre), mais ayant refusé dans un banquet démocratique de porter un toast au roi Louis-Philippe, il fut suspendu pour cinq ans. A ce banquet, Gambon proclama la souveraineté du peuple et se rallia officiellement par cet acte aux républicains réclamant le suffrage universel qu'ils allaient bientôt établir sur les ruines de la royauté.

En 1848, aux élections pour l'Assemblée constituante, Gambon fut élu dans le département de la Nièvre par 29,514 voix; il fut réélu à la Législative.

F. Gambon vota toujours avec la Montagne et signa l'acte d'accusation dressé contre le président et ses ministres, à propos de l'expédition romaine. Au 13 juin on le trouve parmi les membres de l'Assemblée qui accompagnèrent Ledru-Rollin au Conservatoire des Arts-et-Métiers. La haute Cour de Versailles condamna Gambon à la déportation, et lui fit subir son emprisonnement à Belle-Isle.

Proscrit au 2 décembre, Gambon rentra avec l'amnistie dans son département où il s'occupa de travaux agricoles. Ne pouvant rester inactif dans les luttes politiques contre l'empire, il eut l'idée originale, dont on s'est tant moqué de refuser l'impôt, et la saisie de sa ferme, la vente de sa vache sont passées à l'état de légende.

Aux élections de février, Paris élut Gambon à l'Assemblée nationale avec 136,249 voix, et après le 18 mars, le 10e arrondissement l'envoya siéger à la Commune. Dans le courant du mois d'avril, Gambon notifia officiellement par lettre sa démission au président de l'Assemblée nationale.

Gambon a d'abord été nommé membre de la Commission de la justice, puis du Comité de salut public, dont il avait approuvé la formation ainsi que la validation des élections à la majorité absolue des votants.

Gambon, qu'on aurait pu croire d'après son âge et son passé l'un des moins révolutionnaires d'entre les républicains, s'est associé aux mesures les plus cruellement répressives et les plus arbitraires de la Commune.

On croit qu'il a été tué sur les barricades où l'on prétend l'avoir vu combattre dans les rangs de la garde nationale.

CH. GÉRARDIN.

17e arrondissement. — 6,142 voix.

Charles Gérardin était un homme de vingt-cinq à vingt-six ans, ancien comptable, qui était commis-voyageur pour une maison d'Allemagne avant d'être membre de la Commune.

Sa parenté avec A. Dupont, le condamné du procès de Blois, dont il est le beau-frère, explique comment il s'est trouvé mêlé au mouvement politique du 18 mars.

Gérardin, qui était presque toujours en voyage pour son commerce, dont il retirait du reste d'assez beaux revenus, Gérardin se produisit dans les clubs après le 4 septembre.

Nommé chef du 257e bataillon, il ne parut jamais à son poste, et ce ne fut qu'après le triomphe de la révolution du 18 mars qu'il joua un rôle actif dans les événements politiques.

Elu à la Commune par le 17e arrondissement, où il habitait ainsi que Dupont, il fut nommé délégué militaire auprès de la 17e légion. On le vit se promener fréquemment aux avant-postes sur un magnifique cheval bai, qui caracolait avec grâce; mais il se bornait à inspecter et à visiter les troupes sans jamais prendre part à leurs combats, autrement qu'en spectateur.

Ce fut lui qui fit nommer Rossel chef de la 17e légion, et qui l'accompagna dans la reconnaissance que le futur délégué à la guerre poussa jusqu'à Puteaux le 2 avril, et qui fut la cause de sa première arrestation.

Gérardin recommanda Rossel, son protégé, à Cluseret, qui le fit sortir de prison et le prit comme chef d'état-major. Gérardin continua à suivre la fortune de Rossel, jusques et y compris sa fuite.

Ce fut également lui qui découvrit les Dombrowski, les Okolowitch et les Wrobleski et tous les noms en *ski* que la Commune mit à la tête de ses corps d'armée.

Charles Gérardin avait été nommé membre de la Commission de sûreté générale, puis il avait été attaché à la Commission des relations extérieures. Sa violence et ses bravades lui valurent la confiance de la majorité de la Commune qui le choisit pour faire partie du Comité de salut public; il avait, du reste, voté l'institution de ce Comité « parce qu'il est urgent, disait-il, que la Commune reste dans le sens le plus large du mouvement révolutionnaire. »

Gérardin se fit le défenseur du Comité central et de Rossel dont il favorisa l'évasion et qu'il suivit, comme nous l'avons dit, dans sa fuite. Depuis cette époque, on n'a plus entendu parler de lui ; il a dû se dérober prudemment au sort qui attendait les membres de la Commune, sort qu'il eut l'intelligence de prévoir et d'éviter.

Voilà encore un des membres les plus violents de la Commune, qui a prouvé sa lâcheté et la fausseté des convictions qu'il affichait, en se dérobant d'avance aux dangers qu'il avait contribué à accumuler sur la tête de la Commune et de ses partisans.

E. GÉRARDIN.

4e arrondissement. — 8,154 voix.

Eugène Gérardin, qui a publiquement décliné toute solidarité avec son homonyme, était un homme âgé n'ayant aucun des défauts de son collègue. L'un était remarquable par ses violences intempestives, l'autre par sa modération.

Eugène Gérardin était un ouvrier qui paraissait avoir vieilli dans le travail et dans la lutte contre la misère. Il est rarement intervenu dans les discussions de la Commune, et ne l'a fait que pour rappeler ses collègues aux sentiments de modération dont ils se sont si souvent écartés.

Quand il s'est agi de secourir les familles des victimes de l'explosion de la cartoucherie Rapp, Gérardin demanda qu'on fît bénéficier de ce décret toutes les familles qui avaient eu à déplorer la perte de leurs soutiens, et non pas seulement celles dont les membres combattaient pour la Commune. « Toutes les victimes de l'explosion méritent des secours de la Commune. » Telle fut la conclusion de son discours vivement attaqué par Ledroit et surtout par Amouroux, ses collègues.

Eugène Gérardin vota contre le Comité de salut public. C'était un honnête ouvrier fourvoyé parmi des intrigants et des incapables. Il a eu le courage de ne jamais se laisser entraîner par la majorité dans des mesures contraires à sa conscience.

H. GERESME.

12e arrondissement. — 2,194 voix.

Hubert, dit Geresme, qui se faisait appeler Hubert tout court sous l'empire, est né à Damery, en Champagne. C'était un ouvrier dont les antécédents sont peu connus, mais qui s'était toujours fait remarquer par ses opinions ultra-révolutionnaires.

D'une intelligence plus que médiocre, il fut un de ces fanatiques de la Révolution qui sont les plus dangereux ennemis de la liberté, qu'ils ne réclament que pour eux, et qu'ils confisquent à leur profit dès qu'ils sont arrivés au pouvoir.

Membre du Comité central, puis élu membre de la Commune par le 12e arrondissement, Geresme se fit remarquer par son silence dans cette assemblée. On aurait dit qu'il redoutait de parler, qu'il craignait de se faire entendre.

Geresme n'avait aucune suite dans les idées, parce qu'il ne dirigeait sa conduite politique suivant aucun principe raisonné ; c'était une sorte de fou révolutionnaire dont les actes étaient aussi incohérents que les idées et les paroles.

C'est ainsi qu'il vota contre la validation des élections à la majorité absolue, et formula dans ces termes ridicules son vote en faveur du Comité de salut public :

« Je vote pour, parce que le terme « Salut public » a été et sera toujours de circonstance. »

Geresme était digne de figurer dans cette majorité inepte qui a triomphé à la Commune, et il était assez fou pour mériter d'être choisi par elle comme membre de la Commission de la guerre.

Suspect à certains de ses collègues eux-mêmes, ses extravagances politiques étonnaient d'autant plus que son passé etait presque absolument inconnu. Aurait-on fait quelque jour une découverte peu agréable pour M. Geresme, dit Hubert, comme on en a fait pour plusieurs de ses collègues? C'est ce que nous ne saurions dire, puisque la victoire du gouvernement n'a pas laissé le temps à la Commune de continuer ce travail d'épuration et d'élimination qui menaçait de réduire considérablement, si on l'avait poussé jusqu'au bout, le nombre des membres de cette assemblée.

H. Geresme, dont le rôle a été cependant assez actif dans les derniers temps de la Commune, a réussi à se dérober jusqu'ici aux recherches dont il a, comme tous les membres de la Commune, été l'objet de la part du gouvernement.

GROUSSET.

18e arrondissement. — 13,359 voix.

Paschal Grousset le plus élégant des membres de la Commune, dans laquelle il représentait l'élément boulevardier et léger dont M. Henri Rochefort s'est fait l'incarnation, est né à Corte (Corse), le 7 avril 1844; c'est le fils d'un ancien proviseur du lycée de Toulouse.

Républicain par ambition, M. Grousset est loin d'avoir toujours été aussi radical que le feraient supposer ses déclarations révolutionnaires de la Commune. Il a passé, avant d'être journaliste républicain et membre de la Commune, par les camps les plus opposés, sans s'arrêter dans aucun, parce qu'il n'y a point trouvé la position élevée qu'il ambitionnait et qu'il a cru rencontrer dans la Commune.

Après avoir étudié la médecine, il se jeta dans le journalisme et fit ses premières armes à l'*Etendard*, où il écrivit des articles scientifiques assez remarqués, et à l'*Epoque*.

Son esprit intrigant l'entraîna bientôt dans l'opposition, qui à cette époque servait de piedestal à toutes les jeunes ambitions.

Le *Figaro* a compté M. Grousset au nombre de ses plus assidus collaborateurs, et les articles du docteur *Blasius*, les romans de M. *Léopold Virey* sont des états de services que l'ex délégué aux affaires étrangères renierait probablement avec plaisir, mais non sans difficulté.

Il écrivit aussi à l'*Evénement* et au *Temps*, et publia plusieurs brochures ou volumes : le *Rêve d'un irréconciliable*, les *Origines d'une dynastie*, *le* 18 *bru-*

maire et le *Procès du général Malet* qu'il copia dans plusieurs ouvrages, ce qui donna lieu à un petit scandale littéraire. Il est aussi l'auteur de la partie scientifique d'un ouvrage intitulé le *Bilan de* 1868.

Collaborateur de M. Rochefort au journal la *Marseillaise,* M. Grousset fut la cause involontaire du meurtre de M. Victor Noir. On se rappelle qu'à la suite d'un article de Pierre Bonaparte contre les rédacteurs d'un journal corse, la *Revanche*, dont M. Grousset était un des collaborateurs, celui-ci envoya au prince ses témoins, MM. Noir et Fonvielle. Les événements qui suivirent leur visite sont trop connus pour que nous croyions utile de les raconter ici ; mais nous voulons dire que c'est de cette époque que date la popularité de M. Grousset.

Depuis le meurtre de Victor Noir, l'ancien rédacteur de l'*Etendard* et du *Figaro* se lança dans l'opposition la plus violente contre l'Empire, et publia dans la *Marseillaise* des articles qui lui valurent un assez long séjour à Sainte-Pélagie, où il ne perdit point ses habitudes de coquetterie et d'élégance.

M. Grousset prit après le 4 septembre la direction de la *Marseillaise,* dont il suspendit la publication, après le désaveu public donné à sa politique par M. Henri Rochefort, à propos d'un article de M. Cluseret.

M. Grousset, qui avait commencé dans la *Marseillaise* ses attaques contre le gouvernement du 4 septembre, continua contre lui la lutte dans les réunions publiques tenues pendant le siége.

Au mois de février (1871), il publia une petite brochure hebdomadaire : la *Bouche de Fer,* dont l'existence fut surtout connue par l'arrêté du général Vinoy qui lui fit l'honneur d'une suppression.

Au lendemain du 18 mars, il fut porté sur la liste des comités qui passa tout entière dans le 18e arrondissement et resta même, après son élection, rédacteur en chef de l'*Affranchi*, qui succéda à la *Nouvelle République.*

Elu à la Commune, Grousset fut nommé membre de la Commission des relations extérieures, puis délégué à ce même service, et c'est en cette qualité qu'il signa plusieurs adresses aux départements.

M. P. Grousset, que son passé aurait dû ranger parmi les membres modérés de la Commune, se montra au contraire l'ennemi de toutes les mesures conciliatrices proposées dans cette assemblée. Ce fut lui qui, au nom de la majorité, attaqua le plus vivement les membres dissidents de la Commune, qui n'avaient commis d'autre crime que de vouloir s'opposer aux mesures arbitraires du Comité de salut public.

M. Grousset vota pour la validation des élections à la majorité absolue des votants et pour la formation d'un Comité de salut public. Nous attribuons à son exaltation méridionale et à son ambition cette fièvre révolutionnaire dont il sembla possédé pendant son court passage au gouvernement.

M. P. Grousset, un des parvenus de la démocratie radicale, crut probablement racheter son passé en se montrant l'un des membres les plus intolérants de la Commune. Il l'a suivie et soutenue dans ses plus détestables errements, contre lesquels protestaient des révolutionnaires plus connus et plus convaincus que M. Grousset.

Le 17 mai, dans une séance mémorable de la Commune, M. Grousset avait prononcé ces paroles : « Je resterai jusqu'à la victoire ou la mort au poste de combat que le peuple nous a confié. »

M. Grousset réfléchit probablement dans la suite à l'imprudence de cette détermination, car il se cacha dès l'entrée des troupes chez une dame de ses amies. C'est le 3 juin qu'on le trouva caché dans une maison de la rue Condorcet sous un déguisement de femme.

Il fut conduit au Palais de Justice et conduit de là à Versailles, au milieu des huées de la population indignée de la lâcheté de ce jeune *gandin révolutionnaire.*

JOHANNARD.

2e arrondissement. — 2,804 voix.

Jules Johannard, né à Baune en 1843, était un ouvrier feuillagiste devenu employé de commerce et placier qui a été impliqué dans le dernier procès de l'Internationale où il a été condamné à un an prison comme ayant fait partie d'une société secrète.

C'était un beau parleur, plein de lui-même et qui portait avec suffisance son uniforme de capitaine d'armement du 100e bataillon de la garde nationale. Membre du conseil général de l'Internationale à Londres, où il fut un des plus actifs agents de la société, Johannard revint à Paris fonder le 8 février 1870 la section du faubourg Saint-Denis.

C'est à ce moment qu'on l'arrêta; sa propagande socialiste dans les réunions publiques et son titre de membre du conseil général de l'Internationale avaient attiré sur lui l'attention du parquet.

Enfermé quarante-deux jours à Mazas, Johannard apprit après cette longue détention préventive qu'il était accusé de société secrète.

Sa défense devant le tribunal fut simple; il revendiqua hautement l'honneur d'appartenir à l'Internationale et déclara que s'il n'avait pas fait assez pour l'association, ses amis pouvaient compter sur lui, sachant bien qu'il était homme à se rattraper. Mais il nia formellement avoir fait partie d'une société secrète, et ajouta qu'il pensait avoir été arrêté pour ses opinions politiques, « qui sont peut-être avancées, dit il, mais ce n'est pas ma faute, ajouta-t-il, *c'est plutôt la faute de mon tempérament!* »

Malgré cette déclaration d'une candeur vraiment adorable, et qui ne serait pas déplacée dans la bouche de beaucoup de membres de la Commune, malgré cette naïveté, Johannard fut condamné à un an de prison, 100 francs d'amende et à la privation pendant un an de ses droits civiques.

Johannard qui, pendant le siége, fut un des orateurs célèbres du club de la cour des Miracles, échoua aux premières élections communales.

Il fut élu membre de la Commune aux élections complémentaires du 2e arrondissement ; son rôle à la Commune fut peu important. Membre de la Commission des relations extérieures, Johannard vota la proposition Miot, relative à la formation d'un Comité de salut public.

Nommé membre de la Commission de la guerre, il y fut remplacé, ainsi que tous ses collègues de la Commission, par arrêté du Comité de salut public, qui l'attacha comme délégué civil au général La Cécilia.

Johannard était grand, il portait toute sa barbe et aurait pu passer pour un bel homme s'il n'avait eu dans le regard un peu d'incertitude.

Johannard faisait trop parade de sa bravoure pour que nous la croyions bien réelle, et tout son courage se borna à prononcer des discours insensés dans les réunions publiques et à approuver la Commune dans ses actes les plus arbitraires et les plus cruels.

Il quitta rapidement le 23 mai en compagnie du général La Cécilia le Trocadero qu'il occupait et se réfugia au fort de Vincennes, où l'on croit qu'il a été fusillé.

JOURDE.

5e arrondissement. — 3,949 voix.

Jourde (François), né à Montauban, âgé de vingt-huit ans, étudiant en médecine, a été élève à l'école Turgot et en est sorti pour entrer dans une maison de banque, où il était habitué au maniement de grandes sommes d'argent, ce qui le prépara à ses nouvelles fonctions. C'est une des rares capacités que la Révolution du 18 mars ait mis en lumière. Membre du Comité central, il fut délégué aux finances avec Varlin, et fut maintenu seul à ce poste après son élection à la Commune.

A la Commune, Jourde fit preuve de fermeté contre les mesures arbitraires proposées par ses collègues, qui ne lui laissèrent gérer les finances que parce qu'ils voyaient l'impossibilité de le remplacer.

Jourde fut l'auteur du projet de loi sur les échéances adopté par la Commune; c'est lui aussi qui dirigea la discussion et le décret sur la liquidation du Mont-de-Piété.

Jourde, qui vota pour la validation des élections faites à la majorité des votants, se montra cependant l'un des plus ardents adversaires de la proposition Miot, tendant à instituer un Comité de salut public. Il protesta d'abord seul, puis avec plusieurs de ses collègues, contre la création de ce

Comité, auquel il ne cessa de faire une guerre acharnée pendant toute la durée de ses pouvoirs.

Jourde attaqua aussi vivement l'immixtion du Comité central dans les affaires politiques qu'il voulait que la Commune seule dirigeât en toute liberté.

Jourde, qui avait été nommé membre de la Commission des finances, puis délégué unique à ce service, ne tarda pas à être en butte aux attaques de la majorité, représentée par MM. Pyat et consorts. Il proposa plusieurs fois sa démission, que la Commune refusa d'accepter.

Quand la scission devint complète entre les membres de la Commune, ce fut Jourde qui réunit chez lui ses collègues de la minorité, et qui fut chargé par eux de rédiger cette déclaration fameuse qui restera comme la véritable démission de la partie la moins violente de la Commune.

Jourde est un jeune homme d'une taille élevée, d'une figure pleine d'intelligence, encadrée par une longue barbe blonde. Son intelligence éclate dans son regard et dans sa physionomie. Il possède un véritable talent oratoire, qui lui permet de rendre les discussions financières claires et accessibles à tous les esprits. Son visage, long et osseux, est défiguré par une tache dartreuse qui forme une large cicatrice sur une de ses joues.

C'est le mardi 30 mai, à une heure et demie du matin, que Jourde fut arrêté, avec un de ses amis, rue du Bac, par des gardes nationaux du parti de l'ordre qui trouvèrent suspecte l'allure de ces deux promeneurs à une heure si matinale. Jourde essaya d'abord de cacher son identité en déclarant se nommer Roux. Mais il fut reconnu par les témoins devant lesquels il avait demandé à être conduit.

Emmené à la mairie du 7e arrondissement, puis de là à la prévôté, il fut conduit à Versailles où il va être jugé.

LANGEVIN.

15e arrondissement. — 2,417 voix.

Camille-Pierre Langevin, tourneur sur métaux, était un jeune homme âgé de vingt-huit ans, de petite taille, à la barbe longue et épaisse. Il régnait dans son maintien un certain embarras, provenant probablement de sa subite élévation aux fonctions dont il fut revêtu, et auxquelles il ne pouvait prétendre. Sa tenue différait sensiblement de celle de la plupart de ses collègues, qui n'avaient vu dans leur avènement au pouvoir qu'une occasion de parader et d'étaler sur leurs habits de nombreux galons ou de voyantes écharpes.

C'était un des membres les plus connus de l'Association internationale des travailleurs. Secrétaire correspondant du deuxième bureau de Paris, connu sous le nom de *Cercle des études sociales,* il avait pris une part très-active, comme acteur ou comme signataire, aux principales manifestations de la section parisienne. Impliqué dans le troisième procès de l'Internationale, il continua, même après les poursuites dont il était l'objet, son travail de propagande, reçut des adhérents et signa leurs livrets. Il fut condamné comme ayant fait partie de l'Internationale, association non autorisée de plus de vingt personnes, à deux mois de prison.

Délivré, ainsi que les autres condamnés de l'Internationale, après la Révolution du 4 septembre, il fut un de ceux qui pendant le siége préparèrent le mouvement insurrectionnel qui, après avoir échoué au 31 octobre et au 22 janvier, réussit le 18 mars.

Élu membre de la Commune par le 15e arrondissement, Langevin fit partie de la Commission de la justice, où il protesta contre toutes les violences de ses collègues. Il vota contre la validation des élections complémentaires, et formula en ces termes son vote contre le Comité de salut public : « Considérant que le Comité de salut public est une institution dictatoriale incompatible avec le principe essentiellement démocratique de la Commune, je déclare ne pas prendre part à la nomination des membres de ce Comité. »

On retrouve le nom de Langevin parmi ceux des membres de la minorité de la Commune qui signèrent la déclaration, à la suite de laquelle ils se retirèrent de l'Assemblée pour ne plus s'occuper que de l'administration de leur arrondissement.

LEDROIT.

5e arrondissement. — 3,226 voix.

Charles Ledroit, capitaine de la garde nationale, était avant les élections communales un inconnu dont le nom sera du reste bien vite oublié. C'était un homme déjà âgé, qui ne se fit remarquer dans les discussions de la Commune que par ses propositions violentes et par sa complète incapacité.

Ledroit, élu membre de la Commune par le 5e arrondissement, fut placé dans la Commission de la justice, où son nom, à défaut d'autres raisons, lui indiquait une place, et où certainement il n'était pas plus déplacé que ses collègues. Il fut ensuite nommé membre de la Commission de la guerre, pour laquelle il avait probablement autant d'aptitudes que pour la Commission de la justice.

C'était une des nullités de la Commune, qui mérite à peine qu'on s'arrête un instant pour donner quelques détails sur sa personnalité.

Ledroit vota pour la validation des élections complémentaires, et pour le Comité de salut public, qu'il appelait « une mesure révolutionnaire indispensable dans l'état actuel de la situation. »

A la Commune, il demanda la gratuité de la justice et exigea que chaque citoyen fût muni d'une carte d'identité, ce qui permettrait, disait Ledroit, de sévir contre les nombreux réfractaires qui ont su jusqu'ici se dérober au service militaire.

Il fut toujours partisan des motions les plus violentes, et fut *honoré* pour cela de la confiance de la majorité de la Commune qui le nomma dans les derniers temps membre de la Commission militaire.

Son arrestation annoncée vers la fin du mois de juin n'a pas été confirmée.

LEFRANÇAIS.

4e arrondissement. — 8,619 voix.

Gustave Lefrançais est né à Angers le 28 janvier 1826; c'est un petit homme, trapu, dans toute la force de l'âge, au cou apoplectique, aux yeux vifs, au front élevé, aux cheveux et à la barbe noirs. Lefrançais dut sa célébrité aux réunions publiques dont il fut, avec son ami Briosne, un des premiers et des plus intrépides orateurs. Sa phrase, peu élégante mais claire, son esprit violent lui gagnèrent vite la sympathie de ses auditeurs, parmi lesquels tous ne partageaient cependant pas ses idées communistes.

Lefrançais était un ancien instituteur primaire

révoqué en 1850 et proscrit au 2 décembre. Il était ces derniers temps employé à la comptabilité dans la maison Richer, et avait été lui-même directeur d'une entreprise semblable.

Lefrançais était l'un des orateurs les plus assidus du *Vaux-Hall*, du *Pré-aux-Clercs* et de la *Redoute*. Il y développa et chercha à y vulgariser ses idées sur la propriété collective et sur la suppression de l'hérédité qui en est une des conséquences. Il attaqua surtout au *Pré-aux-Clercs* l'institution du mariage et préconisa l'union libre, une des réformes que la Commune oublia d'ajouter aux mesures excentriques et ridicules quand elles ne sont pas cruelles, qu'elle a déjà proclamées ou proposées.

Lefrançais, froid et énergique révolutionnaire, sut gagner au communisme bien des esprits peu éclairés que l'habileté de son argumentation avait séduits. Au 4 septembre il continua d'être, comme aux élections de 1869, l'adversaire acharné des députés de la gauche, auxquels il avait maintes fois reproché, dans les réunions tenues chez Budaille ou boulevard Clichy, d'ignorer complétement les questions sociales et de les étouffer dans de vagues et banales revendications politiques.

Lefrançais était un homme d'action qui cachait sous des dehors froids et calmes un vrai tempérament de révolutionnaire. Il fut un des premiers à envahir l'Hôtel-de-Ville au 31 octobre. Porté sur plusieurs listes gouvernementales, Lefrançais fut arrêté le surlendemain et passa quatre mois de captivité préventive à Mazas, à Vincennes et à la Santé, avec les inculpés du 31 octobre.

Acquitté par le 4e conseil de guerre, Lefrançais, qui avait été nommé, pendant son emprisonnement, adjoint au 20e arrondissement, ne put prendre possession des fonctions que lui avaient conférées ses concitoyens.

Après le 18 mars, il fut élu à la Commune, dont il fut le premier président, et où il siégea d'abord dans la Commission exécutive. Il quitta ce poste pour la Commission des finances, où ses aptitudes de comptable trouvèrent un emploi.

Lefrançais vota avec la minorité contre la validation des élections complémentaires et contre le Comité de salut public.

On avait dit que Lefrançais avait été fusillé à la suite des premiers combats livrés dans les rues de Paris, on avait même indiqué l'endroit précis où avait eu lieu cette exécution, mais, d'autre part, on affirme aujourd'hui qu'il a pu rejoindre à Londres les fugitifs de la Commune.

LONCLAS.

12e arrondissement. — 5,810 voix.

Les antécédents de Lonclas sont peu connus; si l'on s'en rapporte aux bruits les plus accrédités, il aurait été homme de peine à la manufacture de boutons de la rue de Bercy, puis caporal infirmier un peu avant le 18 mars. Il fut nommé membre de la Commune aux élections complémentaires du 12e arrondissement.

A. Lonclas était avant son élection et resta sous la Commune chef du 73e bataillon, qu'il a conduit plusieurs fois au feu; mais où il n'a fait preuve d'aucun courage.

Lonclas ne prit qu'une part fort insignifiante aux discussions de la Commune; il avait constitué sous sa présidence dans son arrondissement une sorte de Comité qui siégeait à la cour d'Aligre, et qui s'était attribué de pleins pouvoirs dans tout le ressort du 12e arrondissement.

Lonclas vota pour le Comité de salut public, parce qu'il le croyait, disait-il, « seul capable de poursuivre, par des mesures énergiques, le triomphe de la Révolution. »

Membre de la majorité, il fut placé par ses collègues dans la Commission de la guerre en remplacement des membres de la minorité révoqués par le Comité de salut public.

C'était un des hommes les moins estimés de la Commune, et quand on entendait les gens de son arrondissement s'exprimer avec autant de mépris sur son compte, on se demandait par quelle aberration d'esprit 5,810 électeurs avaient pu donner leurs voix à un pareil personnage.

Lonclas a été, paraît-il, un des premiers à s'enfuir et à se cacher lors de l'entrée des troupes.

LONGUET.

16e arrondissement. — 1,058 voix.

Charles Longuet, né à Caen, est âgé d'environ trente-deux ans ; c'est un étudiant bien connu des habitués du quartier latin, où il résidait depuis plus de dix ans et où il avait fondé plusieurs journaux qui firent, il y a plusieurs années, quelque bruit dans le monde politique et littéraire.

Longuet mérite bien son nom ; il est grand, maigre et long à faire croire qu'il va toucher le ciel.

Ses cheveux abondants et plats, ses yeux noirs et perçants, son rire bruyant, sa voix stridente, ses jambes interminables, ses bras toujours en rotation, ses allures turbulentes et échevelées en font le type le plus accompli de bohême que l'on puisse rencontrer.

Longuet vint faire son droit à Paris ; doué d'une grande facilité de plume et de parole, il délaissa bientôt l'étude du Code pour écrire dans plusieurs journaux du quartier latin. *Les Ecoles de France*, *la Rive Gauche*, qu'il fonda en 1864, furent supprimées tour à tour, cette dernière feuille, après la publication des *Propos de Labiénus* de Rogeard, qui valurent à son auteur et au gérant du journal, M. Longuet, d'assez dures condamnations.

Ce fut Longuet qui ouvrit la séance de ce Congrès tenu à Liége, où l'on attaqua si vivement l'Empire et dont les violences déterminèrent le gouvernement impérial à poursuivre les orateurs pour délits de paroles, quoique ces actes eussent été commis sur le territoire étranger.

L'histoire des poursuites ou plutôt des chasses que la police donna à Longuet, et auxquelles il sut se dérober longtemps par d'incroyables subterfuges, tiendrait à elle seule toute la place que doit occuper ici la biographie de Longuet. Il fut cependant enfermé à Sainte-Pélagie, où il fit un assez long séjour et où il se complaisait à faire la cuisine, fonction dont il s'acquittait à merveille au dire de ses co-détenus.

Longuet s'était beaucoup occupé de la question sociale et il était peut-être l'homme qui connaissai le mieux Proudhon, dont il avait fait une étude toute spéciale. Il défendit, dans les congrès ouvriers et dans les réunions publiques, à la Redoute et ailleurs, le socialisme individualiste et soutint de fort brillantes discussions avec les économistes qui fréquentaient ces réunions. Longuet possède en effet un véritable talent oratoire, il est pétillant de verve et d'originalité et il a, de plus, cette rare faculté de pouvoir parler des heures entières sans aller à la recherche d'un mot et sans avoir besoin de se reposer.

Cet intarissable proudhonien avait jusqu'alors végété dans le journalisme, où sa paresse et son excentricité l'empêchaient d'occuper le rang que ses connaissances lui assignaient. Il s'était contenté de pérorer dans les brasseries et dans les clubs, sans chercher une tribune plus sérieuse où il pût exposer ses idées.

Longuet écrivit avec Vallès dans le *Peuple*, mais avant son élection à la Commune, dans les derniers temps de l'Empire, il avait paru se retirer de la lutte ou attendre une occasion pour paraître avec éclat sur la scène politique.

Il crut l'avoir trouvée après la révolution du 18 mars, au triomphe de laquelle il a beaucoup contribué, sans que son nom ait figuré dans les actes publics du Comité. C'est, en effet, Longuet qui rédigea les proclamations du Comité central; mais la maxime de ce Comité étant qu'il fallait « se méfier des capacités, » on se servit de Longuet sans vouloir le mettre en nom, et l'on se contenta de le placer à la direction du *Journal Officiel*, après la retraite de M. Vésinier.

Longuet s'acquitta assez mal de cette tâche difficile; son indolence l'empêchait de surveiller les rédacteurs auxquels il confiait le soin de rédiger entièrement le journal.

Longuet avait été élu pendant le siége commandant du 248e bataillon de la garde nationale, dont il n'avait jamais pu obtenir l'armement. C'est avec ce bataillon qu'il construisit des barricades dans la rue Soufflot et place du Panthéon, dans la journée du 18 mars, et qu'il s'empara du palais du Luxembourg.

Elu membre de la Commune aux élections complémentaires dans le seizième arrondissement, Longuet vota en ces termes contre le Comité de salut public : « Ne croyant pas plus aux mots sauveurs qu'aux talismans et aux amulettes, je vote contre. »

Longuet s'est associé à toutes les protestations contre les actes criminels de la Commune et a signé la déclaration de la minorité, à la suite de laquelle il a été remplacé comme rédacteur du *Journal officiel* par Vésinier.

Il fallait vraiment que la violence des énergumènes qui composaient la majorité fut bien grande, pour que Longuet put être rangé parmi les modérés de la Commune. Cependant, si sa nature était d'ordinaire vive et emportée, il faut reconnaître qu'il y avait chez lui un fond de bon sens et une intelligence qu'on ne rencontrait pas chez la plupart des membres de la Commune.

Longuet a recommencé sa lutte avec la police, et il a réussi à dépister toutes les recherches.

MALON.

17e arrondissement. — 4,199 voix.

Benoist Malon, un des chefs de l'Internationale, est né près de Saint-Étienne, dans le Forest, en 1841. C'est le fils de pauvres paysans qui confièrent à son frère aîné, instituteur de campagne, le soin de son instruction. Ce fut auprès de lui qu'il apprit à lire et qu'il puisa les quelques connaissances qui lui ont permis de jouer un rôle important dans l'Association des Travailleurs.

Mais il lui fallut de bonne heure prendre un état pour gagner sa vie, et Malon fut tour à tour garçon.

de peine, portefaix, puis ouvrier teinturier. C'est à ce dernier métier qu'il s'arrêta, et il continua à l'exercer à Puteaux jusqu'aux événements qui vinrent changer sa position.

Malon fit partie du deuxième bureau de l'Internationale et fut condamné en cette qualité à trois mois de prison (1868). C'est de cette époque que date la réputation de Malon qui, après cette condamnation, resta avec Varlin l'un des plus actifs organisateurs du mouvement des sociétés ouvrières qui se groupèrent sous le nom de Fédération. Malon y fut délégué par la section de Puteaux, où il avait formé le groupe des Travailleurs unis (banlieue de Paris), dont il était secrétaire. Il figura également au Congrès de Bâle et signa les manifestes de l'Internationale à l'occasion des grèves et des événements de l'année 1870. Cet infatigable agent de l'Internationale voyageait aussi dans toute la France pour propager les idées d'union et de fédération des sociétés ouvrières, et c'est dans ce but qu'il fit un assez long séjour à Tourcoing.

Mais la véritable notoriété de B. Malon date du mois d'avril 1870, époque à laquelle il partit pour le Creuzot comme correspondant de la *Marseillaise*. De Fourchambault, où il s'était installé, Malon suivit toutes les péripéties de cette grève, dont il avait été avec Varlin un des organisateurs, et qui prit un moment, on se le rappelle, des proportions si considérables, surtout au point de vue politique. Les articles publiés au sujet de cette grève dans la *Marseillaise* prouvèrent la collaboration active de Malon à cette grève.

Compromis dans le troisième procès de l'Internationale (juin 1870), où l'on avait saisi la correspondance qu'il adressait du Creuzot à Varlin, Malon fut arrêté et enfermé à Mazas sous la prévention d'avoir fait partie d'une société secrète, et il ne fut mis en liberté sous caution qu'à la première audience de ce procès.

Il fut condamné à un an d'emprisonnement, auquel la Révolution du 4 septembre vint l'arracher. Malon fut élu adjoint au dix-septième arrondissement (Batignolles), et se montra pendant tout le siége l'adversaire le plus acharné du gouvernement de la défense.

Le 22 janvier, il quitta la mairie avec son écharpe à la ceinture, et se dirigea, escorté d'un groupe de gardes nationaux, vers l'Hôtel-de-Ville, où l'insurrection venait d'être facilement vaincue.

Nommé député à l'Assemblée nationale, Malon donna bientôt sa démission et vint reprendre à Batignolles ses fonctions de maire-adjoint.

Au 18 mars, Malon resta à la tête de l'administration municipale de l'arrondissement et adhéra formellement, dans une affiche, à la révolution communale. Il fut élu membre de la Commune et placé dans la Commission du travail et de l'échange.

Malon est un des membres qui prirent le moins part aux discussions de la Commune; il s'occupa surtout de l'administration de son arrondissement.

Il vota pour la validation des élections complémentaires, mais s'associa à la protestation de plusieurs membres contre l'institution d'un Comité de salut public, et adhéra à la déclaration par laquelle la minorité annonça qu'elle ne paraîtrait plus aux séances de la Commune.

Malon avait un physique peu gracieux, son nez tordu et sa mine un peu renfrognée lui donnaient un air sournois qui indisposait contre lui. Il laissait pencher sa tête sur son épaule, ce qui l'avait fait surnommer le « roseau pensant, » et paraissait toujours absorbé dans de profondes réflexions.

On n'a pas eu de ses nouvelles depuis son départ de la mairie des Batignolles effectué le mardi à l'arrivée des troupes. Malon aurait, dit-on, reçu du gouvernement un laissez-passer pour quitter la France. Ce sauf-conduit lui aurait été donné en récompense des efforts qu'il a faits et qui ont été couronnés de succès pour préserver le quartier des Batignolles des mesures sauvages que les fédérés voulaient prendre dans cet arrondissement comme ils ont réussi à le faire dans plusieurs autres.

MARTELET.

14e arrondissement. — 5,927 voix.

Martelet, jeune homme de vingt-six ans, était peintre de décors et n'avait avant le siége de Paris figuré dans aucune manifestation du parti socialiste dont il est aujourd'hui un des représentants à la Commune.

Après la proclamation de la République, dès le 5 septembre, Martelet fit partie du 103e bataillon de la garde nationale, qui se forma dans le 14e arrondissement par enrôlements sur la place publique, comme en 92. Pendant toute la durée du siége, Martelet eut une attitude assez caractéristique, qui explique du reste sa nomination à la Commune. Il voulait qu'avant de tenter aucune sortie et de faire marcher la garde nationale contre les Prussiens, on changeât d'abord le gouvernement de la défense, qu'il ne cessa pendant cinq mois d'accuser d'incapacité et de trahison.

Ami de ce Sapia, qui fut tué dans l'émeute du 22 janvier, Martelet se montra l'un des plus remuants et des plus actifs adversaires du gouvernement de la défense qu'il attaqua avec véhémence dans les réunions de la *Maison-Dieu* à Plaisance, et contre lequel il prit, dit-on, les armes au 22 janvier.

Martelet s'empara au 18 mars de la mairie du 14e arrondissement, dont il fut élu représentant à la Commune en l'absence de candidats sérieux.

Nommé membre de la Commission des services publics, il vota pour la validation des élections complémentaires et pour le décret instituant un Comité de salut public. C'était un des membres les plus violents de l'assemblée.

Le rôle de Martelet à la Commune fut peu remarquable, son passé ne le préparait guère à la position qu'il occupa après le 18 mars; son élection fut une de ces élections négatives comme en a tant produit le vote précipité du 26 mars, auquel on dut des choix si déplorables.

Martelet représentait la Commune à l'enterrement de M. Pierre Leroux, et il prononca sur la tombe du grand philosophe un discours qui n'a pas étonné de la part d'un membre de la Commune connu par ses ridicules violences.

MELLIET.

13e Arrondissement. — 6,664 voix.

Leo Melliet est un petit homme trapu, âgé de trente ans à peine, plein d'activité et de jactance, comme tous les méridionaux. Leo Melliet est né à Levignac, canton de Seyches, dans le Lot-et-Garonne. Doué d'une intelligence vive et d'une excellente mémoire, Melliet a presque toujours surpassé ses rivaux dans les luttes pacifiques de l'école primaire de sa ville natale et du collége de Miramont, où il a fait de bonnes études.

Après s'être livré quelques années à l'enseignement dans plusieurs pensions de province, il se dirigea vers la capitale dans le but d'étudier le droit ou la médecine.

A son arrivée à Paris, il entra comme clerc dans une étude d'avoué et devint, peu de temps après, un des orateurs applaudis des clubs les plus exaltés. C'est, ainsi que Protot, un avocat qui s'était fait remarquer par son opposition contre l'Empire et qui, après le 4 sep- tembre, ne cessa d'attaquer le Gouvernement de la défense dans les nombreuses réunions publiques où il prit la parole.

Il fut un des signataires de cette affiche rouge placardée sur les murs de Paris, dans laquelle on reprochait aux hommes du Gouvernement de négliger les mesures révolutionnaires qui pouvaient seules sauver la France. Traduit pour cette affiche devant le quatrième conseil de guerre, il fut acquitté ainsi que ses co-signataires Pindy, Tridon, Oudet, Pillot, Demay et Régère.

Leo Melliet s'était fait connaître avant le 4 septembre dans les clubs de la rive gauche et du quartier Mouffetard par la violence de son langage. Nommé par les électeurs adjoint du 13e arrondissement, il crut pouvoir briguer de plus grands honneurs, et obtint 42,020 voix aux élections législatives. Plus tard, il soutint timidement le Comité central, et se rallia au lendemain de la victoire à la révolution du 18 mars.

Envoyé à la Commune par le 13e arrondissement, Melliet fut nommé membre de la Commission de la justice et des relations extérieures.

Ses violences toutes méridionales et le radicalisme apparent de ses opinions. en firent bientôt un des membres les plus sympathiques à la majorité de la Commune.

Ce fut lui qui proposa la démolition de l'église

Bréa, qu'il considérait comme une insulte permanente aux vaincus de juin et aux hommes qui sont tombés pour la cause du peuple. C'est en suivant la Commune dans cette voie de destruction des monuments qui rappelaient la défaite des insurgés et des vaincus de toutes les révolutions que Melliet gagna la confiance des hommes de la Commune.

Melliet vota pour la validation des élections et pour la création d'un Comité de salut public dont il fut élu membre. Il avait été auparavant nommé questeur de la Commune.

Le Comité le délégua comme gouverneur du fort de Bicêtre, où il signala son passage par des jugements et des exécutions sommaires accomplies par ses ordres et sous ses yeux.

Lors de la nouvelle composition du Comité de salut public, il n'en fut pas réélu membre et rentra comme simple représentant à la Commune.

Léo Melliet était un petit avocat vaniteux, sans talent et sans convictions, qui s'est jeté dans le parti révolutionnaire par pure ambition. Leo Meillet était autrefois un poète sentimental, qui écrivit de nombreuses poésies dont la politique n'était point le sujet, et qui concourut avec succès aux jeux floraux fondés par Clémence Isaure.

On ne se serait pas alors attendu à le voir figurer plus tard dans une pareille assemblée, dont il s'est montré l'un des membres les plus violents.

Son tempérament méridional, sa jactance, ses bravades ont pu faire croire qu'il avait du courage, mais ses actes n'ont pas répondu jusqu'ici à ses paroles, et il a montré une fois de plus que le peuple doit se défier des beaux parleurs qui sont pleins d'enthousiasme et de bravoure dans les réunions et qui sont les derniers à se montrer au feu, où ils envoient avec tant de facilité les malheureux dont ils ont capté la confiance et obtenu les suffrages.

Léo Melliet a pu se soustraire aux recherches de la police et parvenir à quitter la France, grâce à l'entremise de M. Edmond Turquet, auquel il avait sauvé la vie ainsi qu'au général Chanzy, lors de leur arrestation opérée le 18 mars et qui lui a procuré un passeport.

MIOT.

19e arrondissement. — 5,520 voix.

Jules Miot ancien représentant, est né en 1810, il a siégé à l'Assemblée législative, où il fut envoyé par le département de la Nièvre. Il était à cette époque pharmacien dans la ville de Moulins-Engilbert.

Miot vota avec la Montagne et se fit remarquer à la Chambre par son antagonisme constant avec un de ses compatriotes et collègues le président Dupin. Enveloppé dans les proscriptions du 2 décembre 1851, Miot fut transporté en Algérie et ne revint en France qu'après l'amnistie du 15 août 1859.

Il s'établit comme pharmacien à Paris, rue de Rivoli. En 1862 il fut impliqué avec Greppo dans une affaire de société socrète, qui fit beaucoup de bruit à cette époque, tant par le nombre des inculpés que par la rigueur de la condamnation.

Miot, comme Gambon, était désigné par son passé révolutionnaire au vote des électeurs, mais moins heureux que Gambon et Greppo, il obtint aux élections législatives un assez grand nombre de voix sans pouvoir être nommé. Elu membre de la Commune par le 19e arrondissement, Miot fut, lors de la réélection des Commissions par l'assemblée, nommé membre de la Commission de l'enseignement.

Miot, qui vota contre la validation des élections complémentaires à la majorité absolue des votants, fut le promoteur de cette funeste proposition d'instituer un Comité de salut public, qui nous a valu de si déplorables mesures.

Esprit étroit et imbu des idées de 93 qu'il mettait à honneur d'imiter en toute occasion, Miot n'a pas compris qu'à des temps nouveaux il fallait une organisation nouvelle, et qu'une institution surannée et discréditée comme l'est le Comité de salut public ne pouvait qu'affaiblir la Commune sans lui apporter aucun appui ni aucun élément raisonnable.

A voir sa figure si patriarchale, on aurait pu croire que M. Miot était l'un des *sages* de la Commune. Mais cette tête, ornée d'une si belle barbe blanche, était dépourvue de tout jugement, elle ne raisonnait pas et il n'en sortait qu'un vieux radotage révolutionnaire. C'était en effet une servile imitation de 93 que les ineptes dictateurs du Comité de salut public s'efforçaient d'adapter à la situation actuelle, c'étaient les mêmes procédés qu'ils appliquaient, les mêmes fautes et les mêmes crimes qu'ils commettaient.

MORTIER.

11e arrondissement. — 19,397 voix.

H. Mortier était un jeune homme de vingt-six ans, dont le passé était complétement inconnu. C'était un ancien commis d'architecte, plein d'activité, qui n'avait vu dans le mouvement du 18 mars qu'une occasion de satisfaire ses rêves ambitieux.

C'est à son titre de membre du Comité central qu'il a dû son élection à la Commune, où il a fait partie de la Commission des services publics.

Ses études ne l'avaient point préparé au rôle qu'il fut subitement appelé à remplir, et quoique doué d'une intelligence vive et primesautière, il ne fit même pas preuve de bon sens pendant son séjour à la Commune.

D'une violence toute juvénile, il se montra l'un des membres les plus passionnés et les plus autoritaires de la Commune.

C'est lui qui demanda qu'il n'y eut point d'autre journal que *l'Officiel*, et que celui-ci se bornât à rendre compte des opérations militaires.

Il approuva l'expulsion des prêtres de leurs églises, mais il déclara s'opposer à leur fermeture, « Car, dit il, je désire les voir ouvertes pour y traiter de l'athéisme et anéantir par la science les vieux préjugés et les germes que la séquelle jésuitique a su infiltrer dans la cervelle des pauvres esprits. »

On voit, par ces étranges propositions et par la forme dans laquelle il les émit, jusqu'à quel point ce jeune membre de la Commune était ridicule et absolu dans ses prétentions insensées et despotiques.

Il eut cependant un jour un beau mouvement d'indignation contre la lâcheté de son collègue Pyat, qui venait de donner sa démission de membre de la Commune. « On ne doit pas quitter un poste quand c'est un poste de péril et d'honneur. » Que ce fut un poste de péril, nous l'admettons très-volontiers, mais un poste d'honneur, nous nous permettrons de différer d'avis sur ce point avec M. Mortier.

Mortier était un jeune fou qui s'est trouvé jeté dans

un mouvement dont il ne comprenait ni le sens, ni la portée, et qui a cru pouvoir suppléer à son ignorance et à son incapacité politiques par des motions aussi violentes que ridicules, nous voulons surtout parler de son projet d'établir des cours d'athéisme dans les églises.

C'était un de ces partisans de la liberté qui ferment la bouche à leurs adversaires pour avoir seuls la parole et qui, tout en s'intitulant démocrates, pratiquent la liberté des cultes en remplaçant l'exercice de la religion catholique par l'enseignement de l'athéisme.

OSTYN.

19e arrondissement. — 5,065 voix.

Ostyn est un homme d'une quarantaine d'années, dont la mise et les manières annonçaient un employé aisé. Il fut un de ceux qui ont protesté contre les violences et les inepties de la Commune.

Orateur des réunions publiques, Ostyn y acquit une popularité qui ne dépassa pas le cercle étroit des habitués des clubs, mais qui suffit à le faire élire membre de la Commune par le dix-neuvième arrondissement.

Le rôle d'Ostyn à la Commune fut assez effacé. Nommé membre de la Commission des subsistances, puis des services publics, il prit rarement la parole dans cette assemblée, si ce n'est dans quelques discussions spéciales, comme celle des chemins de fer, ou, pour protester contre la dictature du Comité de salut public, qu'il avait repoussé dans une protestation qu'il signa avec plusieurs de ses collègues.

Ce fut lui que la Commune délégua, avec Martelet, pour la représenter aux funérailles de Pierre Leroux.

On ne peut mettre à la charge d'Ostyn, en dehors de la solidarité qui rend tous les membres de la Commune responsables des actes adoptés et ordonnés par cette assemblée, aucune proposition ni aucun vote déshonorants. Il est, du reste, un des signataires de la déclaration de la minorité de la Commune.

OUDET.

19e arrondissement. — 10,065 voix.

Emile Oudet, peintre sur porcelaine, âgé maintenant de plus de cinquante ans, est un des républicains les plus éprouvés par la réaction de 1851. Il fut ensuite emprisonné plusieurs années à Fontevrault pour une des conspirations qui ont eu lieu sous l'Empire.

Oudet habita longtemps Bruxelles, la ville des exilés et des proscrits, avec sa femme et sa mère, dont il était l'unique soutien.

Revenu en France, il reprit son ancien état et vécut assez misérablement à Belleville, où il habitait un grenier rue Ferrand. Son dénûment était tel qu'il inventa pour vivre de fabriquer des pancartes avec lettres découpées et collées sur du carton pour indiquer dans les magasins le prix des denrées.

Les persécutions qu'il avait supportées en 1851 et sous l'Empire, ses attaques contre le gouvernement du 4 septembre l'avaient rendu populaire dans les faubourgs. Aussi fut-il élu membre de la Commune par plus de dix mille suffrages dans le 19e arrondissement, dont il avait été adjoint pendant le siége.

La Commune le plaça dans la Commission de sûreté générale, où ses nombreux démêlés avec la police rendaient ses services très appréciés. Il fut ensuite délégué par la Commune auprès du sixième secteur, où on le vit souvent pointer lui-même les pièces.

Emile Oudet, aigri par ses souffrances et par la misère qu'il a toujours subie, n'apporta dans les discussions de la Commune qu'un esprit de haine et de rancune qu'il chercha toujours à satisfaire en frappant, par des mesures violentes et cruelles, ses ennemis politiques.

D'une incapacité absolue, Oudet n'était qu'un fanatique, un sectaire de la révolution des plus dangereux.

Son vote pour le Comité de salut public montra, par la manière dont il l'a formulé, son inintelligence politique et son fanatisme révolutionnaire. « Je vote, a-t-il dit, pour le Comité de salut public, attendu que notre situation est plus terrible encore que celle où nos pères de 93 se sont trouvés et que *ceux qui l'attaquent ne voient pas clair.* » Après les criminelles actions ordonnées ou exécutées par les membres du Comité de salut public, nous croyons pouvoir déclarer que c'est Oudet qui n'y voyait pas clair.

Oudet, un des fous de la Commune, nous préférons l'appeler ainsi que de lui donner un nom qu'il mériterait cependant mieux, n'avait de remarquable que sa ressemblance avec Proudhon, qu'il s'étudie, du reste, à imiter dans la mise et jusque dans les gestes.

Plus d'un photographe de banlieue l'a, nous dit-on, fait poser pour vendre ensuite son portrait comme celui du fameux écrivain. Il n'y avait du reste, entre eux, qu'une ressemblance physique, car l'incapacité d'Oudet n'avait d'égale que sa violence.

PARISEL.

7e arrondissement. — 3,367 voix.

Le docteur Parisel était un homme d'une trentaine d'années, grand, blond, portant une longue barbe, qui chercha longtemps, sans pouvoir la trouver, une clientèle parmi les habitants les plus connus du faubourg Saint-Germain. Il avait conservé sous la Commune son costume de chirurgien de la garde nationale.

Parisel fut dès son élection placé dans la Commission des subsistances, dont il fut le délégué principal pendant deux mois.

Parisel vota pour le Comité de salut public, dont il ne redoutait pas la dictature, « puisqu'il est, disait-il, sous le contrôle de la Commune. »

Il prit une part active à la discussion de la loi sur les échéances et à tous les décrets relatifs aux affaires financières. Il fut un de ceux qui blâmèrent le plus vivement la tendance de la Commune à se constituer si souvent en comité secret et à cacher ainsi, disait-il, *les plus belles pages de son histoire.*

Nous ne doutons pas que Parisel ne fût de bonne foi dans ses réclamations et dans ses louanges en l'honneur de la Commune, mais nous trouvons son enthousiasme un peu naïf et son appréciation des séances de la Commune bien partiale. Pour ceux qui les ont suivies, il est évident que la Commune avait souvent recours aux séances secrètes pour essayer de cacher au public les déchirements qui avaient lieu dans son sein, et les appréhensions que manifestaient plusieurs de ses membres sur l'issue de cette affreuse guerre civile.

PHILIPPE.

12e arrondissement. — 3,483 voix.

Philippe était l'*alter ego* de Lonclas, il avait été nommé comme lui aux élections complémentaires du 12e arrondissement, et sa nomination est aussi inexplicable que celle de son ami et collègue.

Avant ces événements, Philippe s'occupait de la vente des fonds de marchands de vins ; depuis, il avait été élu chef du 56e bataillon de la garde nationale, et quoiqu'il eut quitté ces fonctions depuis le 23 avril, il portait cependant encore les insignes de son ancien grade.

Des bruits détestables courent, dans le 12e arrondissement, sur Philippe comme sur Lonclas, et nous n'osons nous en faire l'écho, tant ils sont graves pour la moralité de ces deux personnages. Tous deux s'abstenaient presque constamment de paraître ou de parler à la Commune, et consacraient leur temps à l'administration du 12e arrondissement, dont ils étaient les élus.

Depuis qu'il remplissait les fonctions de maire, Philippe faisait, paraît-il, assez bonne chère, et étalait un certain luxe qu'on n'était pas habitué à lui voir auparavant. Il vota pour le Comité de salut public, mais il n'a pas cru devoir expliquer son vote, pas plus qu'il ne pensait nécessaire de se mêler aux discussions qui avaient lieu dans les séances quotidiennes de la Commune.

Ce fut encore un de ces choix déplorables qu'on ne peut s'expliquer que par l'esprit intrigant du candidat et la bêtise des électeurs qui nommèrent Philippe, comme tant d'autres, les yeux fermés, sur la foi de quelques déclarations pompeuses qui ne durent que l'espace d'une soirée ou de quelques minutes, et auxquelles les élus ne craignent pas, pour la plupart, de donner par leur conduite de formels démentis.

Voici une des rares paroles qu'il a prononcées à la Commune, elle suffit pour nous permettre de formuler notre jugement sur son auteur :

« Nous sommes en butte à une réaction terrible. Il faut prendre des mesures énergiques ; que l'on sache bien que nous sommes décidés à briser tous les obstacles que l'on oppose à la marche triomphante de la Révolution. »

Ce sont, en effet, les hommes comme Philippe qui n'ont reculé devant aucun moyen, non pas pour faire triompher la Révolution, mais pour se venger de sa défaite sur leurs concitoyens, sur des monuments privés ou publics.

PILLOT.

1er arrondissement. — 1,748 voix.

Le docteur Pillot, âgé de cinquante-deux ans, était un vieillard à la tête presque chauve, au regard vague, à la voix chevrotante, que l'on n'aurait pas pris à sa mine pour un révolutionnaire bien dangereux, et qui cependant est un des plus violents des membres de la Commune.

Le docteur Pillot, connu aussi sous le nom de l'abbé Pillot, reçut autrefois la prêtrise et employa ses connaissances canoniques à défendre l'athéisme le plus pur, ce qui lui valut les éloges de Proudhon, qui lui consacra une page remarquable d'un de ses derniers ouvrages.

Pillot était, en 1848, le chef d'une secte, les Pillotistes, qui reposait sur l'athéisme et le communisme. Le conclave se tenait à l'établissement connu par cette enseigne : *Aux Vendanges de Bourgogne*, où le prophète put réunir un jour jusqu'à 4,000 adhérents.

Sa propagande anti-religieuse devenant difficile, Pillot se retira dans le 1er arrondissement, où il vint exercer la médecine, après son retour de la déportation à laquelle il avait été condamné au coup d'État de 1851.

Ce ne fut qu'après la Révolution du 4 septembre que Pillot reparut sur la scène politique. Il devint un des orateurs, puis un des présidents habituels du club de l'Ecole-de-Médecine, où il attaqua avec autant d'ardeur que le lui permettait son âge les hommes du 4 septembre.

Dans la nuit du 31 octobre, Pillot partit sur un ordre de Blanqui prendre possession de la mairie du 1er arrondissement. C'est ce qui le fit comprendre dans le procès du 31 octobre, où il présenta lui-même sa défense et fut acquitté par le 4e conseil de guerre.

Pillot était un des plus ardents révolutionnaires de la Commune. Elu aux élections complémentaires du 1er arrondissement, il vota pour le Comité de salut public et se fit le défenseur des propositions les plus violentes et les plus cruelles.

Quand Urbain demanda l'exécution de la loi sur

les otages, Pillot se rallia à cette proposition par les paroles suivantes : « La grande question en ce moment est d'anéantir nos ennemis. Nous sommes en révolution et il faut agir en révolutionnaires ; il faut instituer un tribunal qui juge et qui fasse exécuter ses arrêts. »

Le docteur Pillot était délégué par la Commune comme administrateur du 1er arrondissement, où ses affiches, grotesques comme sa personne, laisseront de gais souvenirs dans l'esprit des habitants.

PINDY.

3e arrondissement. — 7,816 voix.

Louis-Jean Pindy, ouvrier menuisier, né à Brest, en 1840, a figuré dans le dernier procès de l'Internationale. Il dut à son titre de membre de la Chambre fédérale des ouvriers son élection à la Commune et sa nomination au poste de commandant à l'Hôtel-de-Ville après l'arrestation d'Assi.

Pindy était un beau garçon, d'une figure et d'un maintien distingués, qui portait avec grâce un luxueux costume de colonel sur lequel il étalait son écharpe rouge et sa rosette de membre de la Commune. Son intelligence n'était malheureusement pas à la hauteur de son élégance, et si l'on doit reconnaître qu'il était doué d'un dévouement sans borne à la cause qu'il avait embrassée, il faut avouer aussi qu'il se fit volontiers, et par un aveugle esprit d'obéissance, l'exécuteur de toutes les illégalités et de toutes les infamies ordonnées par la Commune.

Né à Brest, Pindy avait fondé dans sa ville natale

une section de l'Internationale. Il fut délégué par la Société aux Congrès de Bruxelles et de Bâle, et commença, même sous l'Empire, à organiser l'armement d'un certain nombre d'adhérents de l'Internationale avec lesquels il espérait, au jour donné, tenter quelque coup hardi et décisif.

Les perquisitions opérées lors de son arrestation à propos du troisième procès de l'Internationale, amenèrent chez Pindy la découverte de poudres et de formules d'engins destructifs sur lesquelles étaient placées des étiquettes ainsi conçues : « A jeter par les fenêtres », « A jeter dans les égoûts. » Il est probable que ces formules ont trouvé leur emploi dans ces derniers temps, quand la Commune menaçait de faire sauter Paris et commençait son œuvre de destruction par ces incendies qu'on arrêta assez à temps pour empêcher de les laisser s'étendre à toute la ville.

Pindy, qui ne put trop expliquer la présence à son domicile de pareils objets, qu'il disait ne posséder que par curiosité, Pindy fut condamné à un an d'emprisonnement, comme faisant partie d'une société secrète.

L'Internationale, qui tenait ses réunions place de la Corderie du Temple, lui avait confié, quelques jours avant le 4 septembre, le soin de sa défense militaire et le commandement de ses forces, qui ne se montaient encore qu'à quelques hommes. Pindy avait été délégué, le 8 août 1870, par l'Internationale, vers les députés de la gauche, pour les sommer d'avoir à prendre vis-à-vis du gouvernement un rôle plus accentué et plus aggressif. Il fut arrêté à cette occasion par les dragons qui gardaient les abords du Corps-Législatif, et qui le maintinrent prisonnier parce qu'ils l'avaient trouvé porteur d'armes cachées.

Pindy fut un des plus violents adversaires des

hommes du 4 septembre dans les clubs et dans les réunions de l'Internationale. Il était au 18 mars un des commandants de la butte Montmartre, où avaient été amenés, par ses soins et ceux de ses amis, les pièces de canons enlevés aux parcs d'artillerie et aux secteurs.

Elu membre de la Commune et membre de la Commission militaire, Pindy fut revêtu après Assi des fonctions de gouverneur de l'Hôtel-de-Ville, et ses collègues savaient qu'ils pouvaient délibérer en toute sécurité, grâce à ce vigilant gardien. Pindy se plaisait à répéter que le jour de la défaite, il ferait sauter l'Hôtel-de-Ville, et que les membres de la Commune sauteraient avec lui, ce qui n'était pas sans inspirer de réelles terreurs au citoyen Pyat.

Pindy, sorte de fou, qui avait fait depuis longtemps le sacrifice de sa vie, a tenu parole. Laissé par Eudes au commandement de l'Hôtel-de-Ville, que le Comité de salut public et la Commune venaient d'abandonner pour se transporter à la mairie du 11e arrondissement, il incendia, dit-on, ce monument, qui n'est plus maintenant qu'un immense monceau de ruines.

Pindy a formulé en ces termes son vote contre le Comité de salut public : « Vu que nous ne pouvons nommer personne à une institution considérée par nous comme *aussi inutile que fatale,* nous nous abstenons. »

Ce fut cependant en exécution des ordres de ce même Comité de salut public, contre lequel il avait voté et dont il s'était abstenu de nommer les membres, que Pindy livra aux flammes l'Hôtel-de-Ville. C'était une de ces natures ignorantes, que le dévouement et l'obéissance passive aux ordres les plus ineptes rendent capables des actes les plus horribles, même quand ils ne les approuvent pas, pourvu qu'on les leur présente comme utiles à la cause qu'ils ont embrassée.

POTTIER.

2e arrondissement. — 3,352 voix.

Pottier (Eugène), membre de la Commune, élu aux élections complémentaires du 2e arrondissement, était un homme de cinquante-cinq ans environ, grisonnant, de petite taille et d'une activité toute juvénile. Il était propriétaire d'un des plus importants établissements de bains du 2e arrondissement et dirigeait en outre, avec un véritable talent d'artiste, une maison de dessins industriels du quartier du Sentier. Pottier n'a acquis cette position commerciale qu'à un âge assez avancé.

En effet, fils d'un modeste emballeur du quartier Louvois, Pottier eut une jeunesse des plus difficiles; l'état d'emballeur ne lui plaisait guère; il faisait des vers, des chansons, se liait avec Murger, Delvau et autres bohêmes de talent et faisait triste figure au milieu des scies, des rabots et des planches de la boutique paternelle.

Quittant le tablier d'emballeur, il allait se lancer dans l'existence agitée des artistes et des poètes, quand un mariage le rappela aux idées plus calmes et plus positives de la vie. Il trouva un de ses amis, jeune aussi, mais infiniment plus pratique que lui qui créait un atelier de dessin et le prit comme caissier.

Cette existence, toute contraire à ses goûts, ne lui plut pas longtemps. Entraîné par son imagination ardente et ambitieuse, le caissier ne tarda pas à se transformer en dessinateur ou plutôt en inspirateur de toutes les idées artistiques de la maison L***, et ce ne fut qu'au bout de plus de vingt ans que des divergences politiques et sociales très graves séparèrent les deux amis.

Agé de près de cinquante ans, Pottier entreprit alors cette tâche si difficile de créer, presque sans ressources, et de diriger deux importantes industries. Il ne lui fallut que quelques années pour arriver à un résultat satisfaisant.

En même temps Pottier étudiait les questions sociales, se faisait l'âme du mouvement important des chambres syndicales, se mêlait aux groupes socialistes les plus révolutionnaires et se trouvait, lors du siége de Paris, au nombre des membres influents de l'Internationale.

Les effets de cette influence ne se firent pas attendre, car le mouvement communal du 18 mars, dont Pottier fut l'un des plus actifs promoteurs, le mit à la tête du parti socialiste du 2e arrondissement. De là son élection de membre de la Commune pour le 2e arrondissement, après que les membres de la municipalité eurent refusé le mandat qui leur avait été confié par les électeurs.

Pottier, élu le premier sur la liste, exerça, à proprement parler, les fonctions de maire du 2e arrondissement.

Comme membre de la Commune, et au point de vue purement politique, Pottier était un révolutionnaire. Il n'a pas adhéré à la déclaration de la minorité de la Commune.

Pottier fut choisi pour faire partie de la commission des services publics. Il vota en ces termes pour le Comité de salut public : « La situation exigeant énergie et unité d'action, *malgré son titre,* je vote pour. »

PROTOT.

11e arrondissement. — 18.062 voix.

Eugène Protot est un jeune homme âgé de trente-deux ans, grand, mince, à peu près imberbe et timide d'allures. Il est né à Tonnerre en 1839, et est le fils d'un paysan de la Côte-d'Or ; venu à Paris sans argent il a su à force de travail se faire au barreau une certaine réputation. Sa participation à toutes les conspirations ou sociétés secrètes formées au quartier latin parmi la jeunesse républicaine des écoles, lui valut de nombreuses condamnations.

Protot écrivit en outre dans les journaux la *Rive gauche* et le *Candide*, qui furent poursuivis, condamnés et supprimés pour avoir traité de matières politiques sans cautionnement. Il est l'auteur du premier article, de l'article programme du journal matérialiste le *Candide*.

Quelque temps après la suppression du *Candide*, qui ne publia que quelques numéros, Protot fut compris dans les poursuites intentées contre vingt-quatre personnes comme faisant partie de la société secrète dite du Café de la Renaissance.

Protot fut condamné par défaut à quinze mois de prison, mais la police ne put mettre la main sur lui ; il resta six mois caché, nourri, hébergé, logé chez des ouvriers du faubourg Saint-Antoine. Ses coaccusés, entre autres Tridon, l'accusèrent vivement à cette époque de s'être dérobé lâchement aux poursuites et de ne point venir partager le sort de ses amis condamnés. Protot ne se livra pas pour cela. Arrêté quelque temps après en face le Palais de Justice, il fut enfermé à Sainte-Pélagie au mois de février 1868 pour y subir la détention de quinze mois à laquelle il avait été condamné par défaut.

A cette époque Protot avait momentanément abandonné l'étude du droit pour celle de la médecine; et ce ne fut qu'après sa sortie de Sainte-Pélagie qu'il passa sa licence et fit son stage.

La renommée de Protot a commencé avec le procès de Mégy, dont il fut le défenseur, et à propos duquel il eut à subir une arrestation arbitraire, opérée dans des circonstances tout à fait singulières.

Protot avait été chargé par Mégy, arrêté pour le meurtre d'un agent, du soin de préparer sa défense. Le complot de Blois venait d'être découvert ou inventé par le ministère Ollivier, et Protot, que la confiance de Mégy avait signalé à la police, fut impliqué dans cette affaire.

Le 1er mai, un commissaire de police, accompagné de deux agents se présenta au domicile de M. Protot, qui vint lui-même lui ouvrir, et à qui il exhiba le mandat d'amener, en vertu duquel il venait l'arrêter, et opérer une perquisition à son domicile.

Un des premiers objets qui frappèrent la vue de l'officier de police, ce fut une serviette d'avocat littéralement bourrée de papiers.

En voyant le commissaire s'en emparer, Protot se jeta sur lui, reprit ses papiers et aurait pu échapper aux agents si le commissaire n'avait tiré un coup de pistolet qui avertit le concierge et rendit impossible la fuite du jeune avocat.

Le barreau de Paris protesta contre son arrestation, et Protot relâché prononça devant la Haute-Cour de Blois la défense de Mégy.

Au lendemain du 4 septembre, Protot fut élu chef de bataillon et se distingua comme un des plus ardents adversaires du gouvernement de la défense nationale. Il défendit un des prévenus du 31 octobre, Vésinier, qui fut acquitté par le 4e Conseil de guerre.

La Révolution du 18 mars compta parmi ses chefs Protot, que les électeurs du 11e arrondissement envoyèrent à la Commune, où il fit naturellement partie de la Commission de la justice.

Nommé ensuite presque à l'unanimité délégué à la justice, Protot présenta à la Commune plusieurs projets de décrets, entre autres la cruelle loi des otages et le jury d'accusation. Il vota constamment les mesures révolutionnaires proposées à la Commune, dont il était un des membres les plus radicaux.

Protot, révolutionnaire de la veille, a passé sa jeunesse à conspirer et à défendre les conspirateurs. D'un tempérament froid, d'une nature concentrée, il a étudié la Révolution dans laquelle il s'est jeté par raison plus que par sentiment.

Son intelligence un peu lourde, son esprit nuageux lui rendent le travail long et difficile; il est du reste un des rares hommes instruits qui ait fait partie de cette Commune composée de si nombreux incapables, de tant d'ignorants énergumènes.

Protot a, dit-on, récemment quitté la France, grâce à un sauf-conduit que lui a fait délivrer un personnage influent dans la magistrature.

PUGET.

19e arrondissement. — 9,547 voix.

Puget était inconnu avant le 18 mars; et n'est venu que très rarement partager les travaux de la

Commune, ce dont ses collègues se sont plaint à plusieurs reprises.

C'est Raoul Rigault qui, dans une des séances, se fit en ces termes l'interprète des sentiments de la Commune à son égard : « Nous sommes dans une situation telle que nous devons avant tout observer la résolution déjà prise relativement aux doubles fonctions de représentant à la Commune et de chef militaire.

» Je ferai remarquer à l'Assemblée que le citoyen Puget est pour ainsi dire inconnu. Il a été nommé chef de bataillon, de plus il a été nommé membre de la Commune. Mais il me semble que ses électeurs, en le nommant à la Commune, ont eu l'intention qu'il assiste aux séances et qu'il participe à nos travaux. En restant exclusivement chef de bataillon, son arrondissement manque d'un représentant. »

A cette interpellation, un membre répondit que M. Puget était le meilleur juge de ce qu'il avait à faire, et celui-ci continua à s'abstenir presque complétement de paraître aux séances de la Commune, qui l'avait nommé membre de la Commission des travaux publics.

M. Puget n'a par conséquent pris part à aucune discussion, à aucun vote, et il nous est aussi difficile de donner exactement son portrait physique que de porter un jugement sur son rôle politique, puisqu'il n'en a voulu jouer aucun et s'est contenté de remplir constamment les fonctions de chef de bataillon auxquelles l'avaient nommé les gardes nationaux du 157e bataillon. C'est à la tête des gardes nationaux de Belleville qu'il construisit des barricades le 18 mars et qu'il obtint à la suite de cette journée fameuse le grade de commandant et sa nomination à la Commune.

Si nous ne nous trompons, c'était un bel homme, de manières distinguées, aux yeux bleus, à la mine pâle et maladive, chez qui tout annonçait un homme distingué.

FÉLIX PYAT.

10e arrondissement. — 11,813 voix.

Félix Pyat est un curieux exemple des dangers que peut offrir la popularité littéraire. Si jamais homme fut dénué de convictions et d'un caractère révolutionnaires, c'est, à coup sûr, celui dont nous nous occupons. Félix Pyat est certainement un phraséologue heureux, un habile arrangeur de mots, mais jamais il n'a été un homme politique. Celui qui prendrait au sérieux ses proclamations ampoulées, ses solennelles adjurations et ses malédictions romantiques, et qui, partant de l'axiôme émis par Buffon : « Le style c'est l'homme, » se figurerait un Pyat taillé sur le patron des hommes de 93, se tromperait singulièrement. Félix Pyat est entré dans la vie littéraire d'abord, dans la vie politique ensuite, avec la résolution bien arrêtée de faire le plus de bruit possible, sans qu'il lui en coûte la perte d'un cheveu ou le plus petit froissement de l'épiderme. Et il s'est tenu parole, car jusqu'ici on l'a vu se tirer habilement de situations tellement périlleuses que tout autre à sa place y fût resté.

Bien décidé à fuir le péril, sous quelque forme qu'il se présente, notre héros s'est trouvé souvent en face d'alternatives fort inquiétantes pour son amour-propre, et dont il n'est sorti qu'en laissant de ci de là quelques lambeaux de sa dignité.

Avant tout et surtout, il ne faut voir en Félix Pyat qu'un dramaturge; il est né pour faire des drames, nullement pour faire de la politique. Ce matamore cassant et farouche n'est en réalité qu'un fantoche gonflé de vent. Il a trouvé, dans le grand drame révolutionnaire de 1793, un canevas à sa convenance; il se l'est pour ainsi dire approprié, trouvant habile de ressusciter cette grande époque, de l'ajuster à sa taille et de se créer un rôle dans sa parodie sinistre.

Car, tout n'est que parodie et pastiche dans la vie de Pyat. Un trait peint l'homme tout entier. Il a coutume de porter toujours sur lui une édition diamant de l'*Abrégé de la Révolution,* par Mignet; ce livre est pour lui une sorte de bréviaire qu'il annote, commente, lit et relit sans cesse; il semble se mirer dans l'histoire de la Terreur comme un comédien qui se grime, se regarde à chaque instant dans le miroir pour constater l'effet d'un coup de pinceau ou d'une plaque rouge.

Cette manie date de loin; il faut bien constater pourtant que les opinions de l'auteur du *Chiffonnier* n'ont pas toujours été d'un rouge aussi éclatant qu'elles semblent l'être aujourd'hui. D'ailleurs, ce n'est pas dans les souvenirs de son enfance, qu'il a pu trouver les principes dont il fait profession actuellement. En effet, Félix Pyat, né le 4 octobre 1810, à Vierzon (Cher), est le fils d'un avocat ultra-royaliste. A seize ans, il arrivait à Paris pour suivre les cours de l'Ecole de droit; et dès 1829, il se signalait dans un banquet par un toast à la Convention nationale; au reste, comme on le verra, Pyat a conservé l'amour du toast. Il serait curieux de rapprocher le toast de 1829 du toast à la balle de 1870; il est également curieux de voir l'étudiant de la Restauration remplacer, pendant ce même banquet dont nous parlons, le buste du roi Charles X par le buste de.... Lafayette, l'auteur des mitraillades du Champ-de-Mars. Que pense aujourd'hui le terrible membre de la Commune de Paris de cette équipée de jeunesse ?

A peine reçu avocat en 1831, Félix Pyat s'empressa de quitter le barreau pour s'adonner complétement à la littérature. Il débutait dans *le Figaro* et *le Charivari* lorsqu'il écrivit pour *le Barnave* de Jules Janin, le fameux épisode des *Filles de Séjan.* Il serait impossible d'énumérer tous les écrits sortis de sa plume, très-féconde du reste : mentionnons pourtant sa collaboration à *la Revue de Paris,* au *Salmigondis,* à *Paris révolutionnaire,* à la *Revue britannique,* dont il fut un instant directeur, à *l'Europe littéraire,* où il publia son drame d'*Arabella* (brûlante allusion au mystérieux suicide du prince de Condé), enfin au *National,* à *la Revue du Progrès* et au *Siècle,* où il fut chargé de rédiger le feuilleton.

En même temps, Félix Pyat donnait à l'Odéon *une Révolution d'autrefois* (1er mars 1832), interdite à la seconde représentation ; il insérait dans la *Revue des Deux-Mondes* une peinture ardente de la décadence romaine, sous le titre : *Une Conjuration d'autrefois,* en collaboration avec Théodore Burette (1833) ; puis il faisait représenter *Arabella,* déjà publiée ; *le Brigand et le Philosophe* (1834), à la Porte-Saint-Martin, en collaboration avec M. Luchet ; et *Ango* (29 juin 1835), qui fut l'un de ses plus brillants succès au théâtre. Enfin, le 25 mai 1841, il donnait à la Porte-Saint-Martin, son drame des *Deux Serruriers* dont la vogue fut immense et qui commença sa réputation de socialiste. Habitué dès lors aux applaudissements du parterre, Félix Pyat se crut, de très-bonne foi, adoré du peuple ; ses opinions prirent, à partir de cette époque, la couleur révolutionnaire qu'on leur connaît ; le théâtre devint pour lui une seconde presse, au moyen de laquelle il voulait répandre et propager les doctrines dont il était devenu l'apôtre. Il plaça dans la bouche des personnages qu'il mettait en scène des tirades aux allures amèrement philosophiques qu'il fut généralement convenu de considérer comme des tirades socialistes. D'un autre côté, il se constitua le défenseur-lige de tous les hommes qui ont paru sur la grande scène de 1793. C'est ainsi que M. J. Janin ayant violemment attaqué M. J. Chénier, dans un feuilleton des *Débats,* Félix Pyat écrivit dans *la Réforme* (à laquelle il collaborait), un virulent pamphlet, intitulé : *Marie-Joseph Chénier et le prince des critiques,* qu'il publia ensuite sous forme de brochure. La cause que défendait l'écrivain républicain était bonne, certainement, mais il eut le tort de se laisser emporter à de grossières injures contre le feuilletoniste des *Débats,* et ces tristes personnalités lui valurent six mois de prison.

Le succès des *Deux Serruriers* l'engageait à poursuivre sa carrière théâtrale, aussi le voyons-nous écrire successivement : *Cedric le Norwégien* (1842), *Mathilde* (en collaboration avec Eugène Süe), *Diogène* (1846), et enfin ce fameux *Chiffonnier de Paris* (1847), son plus retentissant triomphe. La Révolution de février fit de Pyat un commissaire général dans le Cher et, deux mois plus tard, le même département l'envoyait à l'Assemblée constituante par 43,000 suffrages. Secrétaire de l'Assemblée pendant quelque temps, Félix Pyat vota constamment avec la gauche. Nous avons dit que l'auteur du *Chiffonnier* a la manie des toasts; son existence, en effet, peut se résumer en trois toasts : celui de 1829 à la Convention, celui de 1848 aux paysans, et celui de 1870, à la balle.

Réélu en 1849 par la Seine et le Cher, il signa, le 10 juin, l'appel aux armes de Ledru-Rollin, et accompagna même ce dernier aux Arts-et-Métiers; il réussit à se dérober aux poursuites et à gagner la

Suisse. Expulsé de ce pays en 1851, il se réfugia en Belgique ; c'est de là qu'il adressa plusieurs *lettres* : à Barbès, au comte de Chambord, au prince de Joinville, à Louis Bonaparte, aux ouvriers,... etc. Après l'affaire de la rue Lepelletier, le 14 janvier 1858, il publia à Londres une apologie de l'entreprise d'Orsini, apologie qui causa une vive agitation et qui fut déférée, sans résultat, aux tribunaux anglais par le gouvernement impérial. Félix Pyat, excepté de la première amnistie, ne rentra en France qu'après l'amnistie de 1869 ; mais, quelques mois étaient à peine écoulés que, poursuivi pour divers articles publiés dans *le Rappel,* et condamné à dix-sept mois de prison, il était de nouveau réduit à fuir les recherches de la police, qui, si elle l'eût voulu, n'eût certes pas éprouvé de grandes difficultés à le découvrir. Caché dans un appartement de la rue Neuve-des-Petits-Champs, Félix Pyat se rendait chaque jour rue des Martyrs, chez un marchand de fourrures du nom de Brunereau ; c'est là que se réunissaient les têtes les plus exaltées du parti républicain. Ces réunions, la police n'était pas sans les connaître ; mais le préfet de police Piétri se serait bien gardé d'arrêter les membres de ce semblant de conspiration, qui n'était nullement à craindre, puisqu'elle pouvait au besoin servir la politique impériale et qu'elle comptait parmi ses affiliés des membres de la confrérie de la rue de Jérusalem. Il ne paraît pas, en effet, qu'aucune résolution sérieuse soit sortie de la réunion Brunereau ; c'est là que furent résolus les mouvements avortés du 7 février et du 9 mai.

Le 21 janvier 1870, Pyat, toujours traqué, faisait lire par un ami, au banquet régicide de Saint-Mandé, le toast suivant, que la justice devait incriminer plus tard :

« O petite balle ! tu peux être la vie comme la

mort. Tout dépend de toi, de toi seule. Chacun t'invoque, tout le monde t'attend ; car, si la France marche, le monde marche ; si elle penche, il tombe. Petite balle de bon secours, relève tout! petite balle de l'humanité, délivre nous! délivre-nous tous. »

Après l'arrestation de Rochefort et les troubles de Belleville, un grand nombre de républicains furent incarcérés; Félix Pyat réussit à se dérober à toutes les poursuites, en se cachant sous les déguisements les plus invraisemblables et dans les endroits les plus impossibles.

Tout à coup, la France étonnée apprend qu'un complot ayant pour but de changer l'ordre de choses établi se tramait dans l'ombre; cette révélation, destinée à faire revivre aux yeux des électeurs ruraux le spectre rouge de 1851, éclata quelques jours avant le plébiscite ; on connaît le résultat de cette manœuvre qui procura à l'Empire 7,500,000 *oui*. Félix Pyat sentant sa liberté sérieusement menacée, s'empressa de passer en Angleterre. Le dénoûment du complot eut lieu à Blois, et coïncida avec les premières défaites de nos armées. La Haute Cour condamna, le 9 août, l'auteur du toast à la balle à cinq ans de prison et 6,000 fr. d'amende. Quelques jours après, l'Empire était renversé et Pyat rentrait en France.

Pendant le siége, Pyat publia le journal *le Combat*, auquel succéda *le Vengeur*. Le 29 octobre, *le Combat* annonçait le premier, dans un cadre noir, la nouvelle de la capitulation de Bazaine à Metz ; cette nouvelle, livrée par Rochefort à Flourens, qui l'avait dite à Pyat, excita une agitation extrême dans la ville assiégée : le club de la Porte-Saint-Martin lança les plus effroyables malédictions contre le rédacteur en chef du *Combat;* on voulut saccager les bureaux du journal, et le secrétaire de la rédaction, M. Odilon Delimal, fut mené à l'Hôtel-de-Ville par une foule furieuse. Sommé par M. Delimal de confirmer la nouvelle qu'il avait donnée à Flourens, Rochefort faiblit et donna un démenti *au Combat ;* mieux encore, bien qu'averti officiellement de la capitulation de Metz par un parlementaire prussien, le gouvernement publia une note confirmant le démenti de Rochefort et signalant *le Combat* à l'indignation des honnêtes gens. Le lendemain, il est vrai, le *Journal officiel* était forcé d'enregistrer la triste vérité. On sait que cette conduite, sans dignité et sans habileté, coïncidant avec le désastre du Bourget, favorisa le mouvement du 31 octobre. Bien que Pyat eût, dans cette dernière journée, paru à l'Hôtel-de-Ville, le gouvernement ne l'inquiéta pas.

Aux élections pour l'Assemblée nationale, Paris envoya le rédacteur en chef du *Vengeur* siéger à Bordeaux ; mais, dès les premières séances, Pyat déclara qu'il ne reparaîtrait plus à la Chambre, sans pour cela donner sa démission.

Le mouvement insurrectionnel du 18 mars amena le représentant semi-démissionnaire sur les bancs de la Commune, où l'envoya le dixième arrondissement par 11,813 suffrages. Le rôle de Félix Pyat dans la Commune, a été des plus déplorables. C'est à lui, quoiqu'il continuât à signer *le Vengeur,* que l'on dut la suspension de presque tous les journaux (le sien excepté, bien entendu), l'arrestation de Rossel, les mesures de terreur, et notamment la création de ce Comité de salut public, dont l'ineptie égalait l'exaltation. Pyat s'était créé un véritable parti au sein de la Commune, il comptait même des amis fanatiques, les citoyens Régère et Urbain, par exemple ; c'est grâce à ce parti qu'il fut appelé d'abord à la Commission exécutive, ensuite au premier Comité de salut public.

Voici un incident qui peint l'homme et qui, certes n'est pas à son honneur : au commencement d'avril, quelques jours après cette grande sortie des trois jours où Flourens trouva la mort, une discussion s'étant élevée entre *le Mot d'Ordre* et *le Vengeur*, Félix Pyat crut devoir rappeler la conduite dénuée d'énergie tenue par Henri Rochefort le 29 octobre; mais le rédacteur du *Mot d'Ordre* montra les dents; aussitôt le rédacteur du *Vengeur* de se confondre en excuses et de rejeter sur Flourens mort la faiblesse commise par Rochefort vivant.

Flourens, en effet, couché dans son linceul sanglant, ne pouvait soulever la pierre de son tombeau pour venir confondre son impudent et lâche calomniateur.

Au physique, Pyat est de haute taille, droit et cambré, bien qu'il ait dépassé la soixantaine. Il a la barbe grise et frisée, la chevelure encore opulente; les yeux, grands, largement ouverts, étincellent sous l'arceau de leurs orbites. Ils ont quelque chose de mélancolique, de rêveur et de farouche à la fois. Le rédacteur du *Vengeur* a conservé des prétentions à l'élégance; il affecte certaines attitudes du corps, certains mouvements gracieux qui le font ressembler à l'acteur Laferrière.

Félix Pyat a été un des mauvais génies de la Commune; il a été un de ceux qui l'ont poussée dans la voie révolutionnaire la plus détestable et s'est empressé de donner sa démission quand il a prévu la défaite de la Commune. Forcé par l'indignation publique de venir reprendre sa place dans cette assemblée, il fut un de ceux qui ont disparu dès l'entrée des troupes dans Paris. Il eut le triste courage de survivre à la défaite de cette Commune dont il a été certainement l'un des plus détestables inspirateurs.

Depuis deux mois on a annoncé bien des fois l'arrestation de Félix Pyat, mais l'habile conspirateur, quoique pourchassé de près, a toujours réussi à dépister la police et à se dérober à toutes les recherches. On annonce son arrivée à Londres, où il vivrait assez retiré et presque caché de ses amis et anciens collègues eux-mêmes.

RANVIER.

20e arrondissement. — 14,127 voix.

Gabriel Ranvier est grand, maigre, osseux, âgé d'une cinquantaine d'années; c'est un ancien peintre en laque très habile, dont la vie commença sous les plus heureux auspices.

Marié à une femme d'une distinction charmante, Ranvier alors ouvrier laborieux ne tarda pas à se créer un intérieur confortable, presque luxueux, et à s'établir pour son propre compte.

Il habitait déjà Belleville à cette époque, mais il y vivait tranquille et heureux, au milieu de sa femme et de ses enfants, quand un malheur qui lui fit perdre sa petite aisance vint bouleverser et changer toute son existence.

Un de ses ouvriers reproduisit sur un meuble un dessin qui était la propriété de l'éditeur Goupil; celui-ci fit un procès à Ranvier qui fut condamné à une forte amende qu'il ne put payer, ce qui le détermina à se mettre en faillite.

Ranvier perdit alors tout courage, abandonna le travail et fréquenta le café et les clubs. On l'a vu dans les premières réunions publiques venir lire à la tribune des discours vides de toute idée, mais déjà pleins d'exagérations et de violences. Il se déclarait dès cette époque communiste et prêchait la liquidation sociale et d'autres théories révolutionnaires si goûtées dans les clubs.

La violence de son langage, son absence même d'instruction et de talent en firent l'un des orateurs les plus populaires des clubs, surtout à Belleville, où l'on se méfie des capacités. Condamné pour un délit de réunion commis dans les derniers jours de l'empire, il sortit de prison après le 4 septembre, revêtu de l'auréole du martyr aux yeux de ses fanatiques admirateurs.

Nommé chef du 141e bataillon de la garde nationale, Ranvier devint l'*alter ego* de Flourens, cette autre idole de Belleville qu'il avait connu dans les réunions publiques et dont il resta jusqu'au dernier jour le fidèle lieutenant.

Ranvier et Flourens furent les principaux organisateurs du mouvement insurrectionnel du 31 octobre qui réussit quelques heures, et se trouvèrent ce jour-là portés sur la liste du gouvernement provisoire élaborée dans cette journée.

Révoqué comme chef de bataillon et emprisonné pour sa participation à cette échauffourée, Ranvier fut élu maire de Belleville (20e arrondissement) pendant son incarcération; et le gouvernement augmenta sa popularité en faisant annuler son élection, se fondant sur ce qu'un failli ne peut exercer de fonctions publiques.

Ranvier s'échappa de prison avant son jugement et fit défaut au procès qui se déroula devant le 4e Conseil de guerre.

Il fut déclaré innocent ainsi que la plupart de ses coaccusés.

Il continua alors ouvertement à Belleville sa propagande révolutionnaire et fut, comme membre du Comité central, un des auteurs du mouvement insurrectionnel qui réussit au 18 mars.

Elu membre de la Commune dans le 20e arrondissement, il fut placé dans la Commission militaire et accompagna Flourens lors de cette fameuse sortie du mois d'avril, dont il revint sain et sauf, mais où Flourens trouva la mort.

Ranvier ne prit aucune part aux discussions de la Commune et s'adonna tout entier à la défense de la rive gauche. Il ne revint siéger à la Commune qu'après les échecs nombreux des fédérés chassés d'Issy et de Vanves et fut alors nommé membre du Comité de salut public, dont il exerça les fonctions jusqu'à la dernière heure.

D'un esprit faible, d'une intelligence médiocre, Ranvier a voté les propositions les plus violentes de la Commune.

Il approuva la création du Comité de salut public, parce que, disait-il, « l'indécision depuis un mois nous a compromis et parce qu'une plus longue hésitation à prendre des mesures énergiques perdrait la Commune et la République. »

On a vu ce que Ranvier entendait par mesures énergiques et si les crimes du Comité de salut public ont réussi à sauver la Commune. Il a poussé si loin le fanatisme révolutionnaire qu'il n'a pas hésité à ordonner les actes les plus violents et les plus horribles. Il est du reste à remarquer qu'il n'y a pas plus cruels et plus impitoyables que les caractères faibles, quand ils sont dominés par cet esprit de parti qui fait taire chez eux tout sentiment, et étouffe dans leur cœur jusqu'aux impressions les plus irrésistibles et les plus naturelles auxquelles cèdent cependant quelquefois les hommes les plus endurcis dans le crime.

Ranvier, qui dirigea jusqu'à la dernière heure la défense de Belleville, s'est échappé de Paris après la défaite et a pu arriver sans encombre à Londres, où il a retrouvé plusieurs membres de la Commune.

RASTOUL.

10e arrondissement. — 10,325 voix.

Le docteur Rastoul (Paul-Emile-Barthélemy-Philémon), âgé de trente-six ans, est né à Béziers. Il a la figure énergique; c'est un méridional plein de vanité et grand faiseur d'embarras. Ancien président du Club des Montagnards, l'un des plus violents pendant le siége, Rastoul fit partie du Comité de vigilance du 10e arrondissement, et a été porté sur la liste du Comité qui l'a fait élire à la Commune.

Nommé membre de la Commune, le docteur Rastoul fit partie de la Commission des services publics. Nommé ensuite médecin en chef des ambulances de la Commune, il quitta ces fonctions pour une simple question de vanité froissée.

Arrêté à une des portes de Paris par la consigne militaire, qui ne s'abaissa pas devant lui, il s'en plaignit amèrement à la Commune, qui accueillit assez froidement ses griefs, exposés avec une indignation toute méridionale. Vexé de cette indifférence de l'assemblée, qui parut ne prendre qu'une part très-médiocre à ses doléances, Rastoul donna sa démission de médecin en chef, et sembla garder rancune depuis ce jour à la Commune, aux discussions de laquelle il ne se mêla plus que très-rarement.

Cette abstention n'est pas, du reste, bien regrettable, car la seule proposition importante qu'ait faite Rastoul fut de réduire le prix du *Journal officiel*, et de l'envoyer gratuitement à tous ceux qui avaient voté.

Rastoul vota contre la validation des élections complémentaires, son vote contre le Comité de salut public est ainsi formulé : « Je vote contre l'*ensemble* du projet, parce qu'il aboutit, *en réalité*, à la confusion des pouvoirs, qui amène des conflits et produit le désordre et l'anarchie, et que je voulais la séparation des fonctions avec la responsabilité effective, devant la Commune, de cette *Commission exécutive*, ayant pleins pouvoirs sur toutes les autres commissions, mais laissant à la Commune tout entière le rôle de Comité de haute surveillance autre puissance de la briser et de la révoquer, tout en s'abstenant de toute intervention directe dans l'exécution et la direction. »

C'est la seule fois qu'il fit preuve de bon sens ; et il a le plus souvent, soit par indifférence, soit par rancune, semblé se désintéresser de toutes les discussions qui s'engagèrent à la Commune.

Rastoul s'est donc retiré pour ainsi dire dans les derniers temps de la Commune.

Il eut, à l'entrée des troupes, la pensée généreuse de proposer à tous les membres de la Commune de se constituer prisonniers pour obtenir la vie sauve aux simples soldats fédérés qui n'avaient fait qu'obéir et qui n'avaient été que les instruments de la Commune.

Quelques membres de la Commune approuvèrent, paraît-il, cette proposition que la marche rapide des événements empêcha de mettre à exécution.

Rastoul a été arrêté à la fin de mai et amené à Versailles, où il a été traduit devant le 3e conseil de guerre. Sa tenue y est pleine de dignité et de calme, et contraste singulièrement avec celle de plusieurs de ses coaccusés.

RÉGÈRE.

5e arrondissement. — 4,026 voix.

Théodore Régère de Montmore (Dominique-Théophile), âgé de cinquante-cinq ans, est né le 15 avril 1826, à Bordeaux, où il fonda la *Tribune de la Gironde,* supprimée le 2 décembre, et qui lui valut d'être proscrit après le coup d'Etat. C'est un ancien vétérinaire, qui possède dans son pays natal quelques biens et que ses collègues avaient en très-médiocre estime, probablement à cause de son titre de *rentier* qui sonnait mal aux oreilles des socialistes, pour la plupart communistes, qui siégeaient à la Commune.

Il paraît que Th. Régère n'a pas toujours été aussi radical que sembleraient l'annoncer son élection et son rôle à la Commune. On l'accusa de cléricalisme, ce qui ferait croire que ce n'est pas un de ces révolutionnaires farouches qui ont fait litière de tout sentiment et de toute croyance.

La personne de Régère n'est pas du reste, il faut l'avouer, faite pour lui concilier les sympathies. C'est un petit homme au nez fortement bourgeonné, à la figure empourprée, à la voix désagréable, à la démarche inquiète. On dirait à le voir se retourner à chaque instant et surveiller tout ce qui l'entoure qu'il est toujours sous le coup d'une rencontre ou d'une découverte fâcheuse.

Régère portait le costume de capitaine adjudant-major, dont il remplissait les fonctions dans le 248e bataillon de la garde nationale. Impliqué dans le procès du 31 octobre, il se déroba à l'incarcération préventive et fut acquitté par jugement du 9 mars 1871.

C'est grâce à sa collaboration à l'échauffourée du 31 octobre, pendant laquelle il signait les laissez-passer nécessaires pour entrer dans l'Hôtel-de-Ville, et aux poursuites dont il fut l'objet que Régère fut élu membre de la Commune aux élections qui suivirent la Révolution du 18 mars.

Il fut placé dans la Commission des finances, et se fit remarquer à la Commune par l'excentricité de ses propositions.

C'est ainsi qu'à propos de la démission de F. Pyat, dont il se montra en plusieurs occasions le chaud partisan, il demanda qu'on refusât toutes les démissions, voulant forcer ainsi les récalcitrants à rester membres de la Commune malgré eux.

Il eut le honteux courage de plaider à la Commune les circonstances atténuantes en faveur du commissaire de police Pilotell, auteur des perquisitions scandaleuses opérées chez M. Chaudey et chez M. Polo, administrateur du journal la *Cloche*.

Que dire enfin de cette réclamation ridicule de Régère, qui demanda l'insertion à l'*Officiel* de la discussion « *très-élevée* » qui a eu lieu à propos des théâtres ? A une séance où il occupait le fauteuil de la présidence, et où l'on demandait l'adjonction de plusieurs membres à la Commission de la justice, Régère voyant que plusieurs membres déclinaient *l'honneur* d'en faire partie, crut arranger les choses en prononçant ces solennelles paroles : « Que l'Assemblée adjoigne à la Commission de la justice *des hommes de bonne volonté.* »

Outre ces sorties excentriques, qui égayèrent un peu la lecture des séances insipides de la Commune, Régère soutint avec violence le Comité central et le Comité de salut public contre les attaques de la minorité.

Il avait du reste voté pour la validation des élections complémentaires et formulé ainsi son vote en faveur de la création d'un Comité de salut public : « Attaqués impitoyablement et *sans motifs légitimes,* j'estime que nous devons défendre avec la plus grande énergie la République menacée. »

Les citations que nous venons d'emprunter aux séances de la Commune prouvent que Régère était un des membres les plus violents et les plus ridicules de cette assemblée. Il se montra même toujours si sottement énergumène qu'on en est à se demander, quand on examine son passé, qui ne faisait point prévoir un tel avenir, si Régère était vraiment de bonne foi quand il émettait des propositions si insensées et si révolutionnaires. A en croire plusieurs de ses compatriotes, c'est à cette dernière supposition qu'il faudrait s'arrêter, et aucun de ceux qui l'ont connu autrefois ne peuvent admettre un seul instant que subitement éclairé sur le chemin de la Commune il soit devenu si vite un révolutionnaire aussi fanatique que le ferait croire sa conduite actuelle.

Régère fut arrêté le 20 juin, à l'hôtel des Italiens, et conduit à Versailles où il est traduit devant le 3e conseil de guerre.

RIGAULT.

8e arrondissement. — 2,175 voix.

Raoul Rigault était un de ces bohêmes que la Commune plaça à un poste qui exigeait à la fois des connaissances dont il manquait absolument et une tenue, une dignité dont il n'avait pas le moindre souci, pour lesquelles il manifestait au contraire le plus souverain mépris.

La vie de Rigault, avant son élection à la Commune, édifiera nos lecteurs sur la valeur du choix qu'a fait la Commune en le nommant aux fonctions si délicates et si importantes de préfet de police, puis de procureur de la Commune.

Rigault était âgé de vingt-quatre ans, il était le fils d'un ancien sous-préfet de la République qui a presque publiquement renié toute solidarité avec les actes de son fils. Après avoir fait ses études au collége de Versailles, Rigault vint au quartier latin pour y suivre les cours de l'Ecole de médecine. Il donnait en même temps des leçons de mathématiques que sa vie dissolue lui fit bientôt abandonner pour se lancer dans cette politique de brasserie qui lui donna une popularité de mauvais aloi suffisante pour le faire élire à la Commune.

Rigault était un des plus jeunes, peut-être le plus jeune, des membres de la Commune. Ses débuts dans cette vie agitée qu'il mena au quartier latin datent du procès intenté au journal *le Candide*, époque à laquelle il se lia avec le groupe des Hébertistes dont Tridon était le chef et dont Rigault devint un des plus fanatiques et des plus ignorants adhérents.

Il collabora au journal *le Critique* et passa le temps qu'il parvenait à ravir aux brasseries, pour lesquelles il eut toujours une prédilection marquée, à pérorer dans les réunions publiques.

Rigault, la terreur des sergents de ville, avec lesquels il eut de si fréquents démêlés, dont la politique n'était pas le plus souvent le motif, Rigault se fit une certaine popularité dans la réunion du Pré-aux-Clercs, où il attaqua Jésus-Christ et la religion en des termes d'une convenance plus que douteuse, ce qui lui valut une forte condamnation pour outrage à la morale publique et à la religion.

Sa tenue devant le tribunal fut très-curieuse, il se montra plein d'arrogance et de hauteur vis-à-vis de ses juges, et quand l'avocat impérial réclama pour lui l'indulgence que méritait son jeune âge, Rigault se leva et répondit : « Monsieur l'avocat-général, Messieurs les juges, je ne veux pas de votre indulgence, le jour où nous serons au pouvoir nous ne vous en accorderons pas. » On rit alors de cette boutade, comme de ses menaces de faire couper des milliers de têtes quand il serait chef du gouvernement, menace qu'il répétait sans cesse et qui a bien failli devenir une horrible réalité.

Une de ses manies bien connue était de ne jamais prononcer dans la conversation de mot de *saint,* ce qui lui faisait défigurer étrangement tous les noms. On riait de tout cela, on s'amusait de ces manières originales et de cette dictature de brasserie qu'il prétendait imposer plus tard à ses concitoyens ; on ne se doutait pas que ce sinistre farceur pourrait un jour exécuter librement ses cruelles plaisanteries et ses lugubres facéties.

Il avait une passion réelle pour la police et en faisait pour son propre plaisir. Personne ne connaissait aussi bien que lui les mouchards, qu'il s'amusait à surveiller probablement pour se rendre compte de la manière dont ils s'acquittaient de leurs fonctions et pour se former dans cet art difficile.

Au 4 septembre, Rigault n'eut qu'une préoccupation, ce fut de courir à la Préfecture de police mettre la main sur les dossiers et prendre la place de Lagrange, l'ancien chef de la police politique sous l'Empire. Il resta peu de temps à ce poste, où il compléta ses études policières, mais où le gouvernement de la défense ne jugea pas prudent de le maintenir.

Il rentra alors dans la vie privée, écrivit dans la *Patrie en Danger* quelques articles sur les agents célèbres de l'Empire, et se fit élire chef d'un bataillon qu'il ne commanda jamais.

Au 31 octobre, il tenta de s'emparer de la Préfecture au nom de ce gouvernement qui vécut quelques heures, mais il trouva une sérieuse résistance contre laquelle il n'essaya pas de lutter, et ne dut qu'à la bonté de M. Edmond Adam de ne pas être impliqué dans les poursuites qu'on dirigea contre les auteurs de ce mouvement insurrectionnel.

Plus heureux au 18 mars, Rigault s'installa à la Préfecture de police, où le trouva et où le laissa la Commune, dont il fut élu membre par quelques électeurs du huitième arrondissement.

Le délégué à l'ex-Préfecture de police, comme il s'appelait lui-même, eut d'abord pour collègue Duval, qui fut tué dans la sortie du 4 avril, et dont la mort laissa Rigault maître absolu de ce poste important.

On vit alors ce dont était capable cet insensé, qui n'avait de respect pour rien et qui se plaisait à assouvir ses goûts autoritaires et sanguinaires, en commençant par attenter à la liberté individuelle et à la liberté de la presse, et en finissant par commettre froidement les plus lâches assassinats.

La Commune elle-même s'émut des arrestations nombreuses, des suppressions arbitraires de journaux qu'ordonnait chaque jour son délégué à police; mais il n'était pas facile de faire quitter la la place à Rigault, qui ne donna sa démission qu'après avoir rempli la Préfecture de ses créatures, et s'être assuré d'y conserver par ce moyen tout son pouvoir.

Cournet, qui lui succéda, fut en effet bien vite remplacé par Ferré, le bras droit de Rigault, qui continua à diriger, sous le nom de son digne acolyte, toutes les affaires de ce service.

Rigault avait été choisi par Protot comme procureur de la Commune et présida, en cette qualité, le jury d'accusation avec une emphase et des airs de magistrat qui auraient été vraiment bien risibles si l'on n'avait compris qu'il suffisait d'une fantaisie de cet individu pour priver un citoyen de la liberté ou de la vie.

Ce révolutionnaire farouche accorda rarement son temps et ses paroles aux discussions de la Commune, il se réservait pour la Préfecture de police, où il menait du reste joyeuse vie. Il vota pour la validation des élections complémentaires et pour le Comité de salut public, «espérant, dit-il, que le Comité de salut public sera en 1871 ce que l'on croit généralement, mais à tort, qu'il a été en 1793. »

Ainsi Rigault trouvait encore trop douce la terreur de 93, et il la dépassa en effet en faisant fusiller sous ses yeux ce malheureux Chaudey, l'archevêque de Paris et plusieurs autres ôtages qu'il tenait renfermés dans ses prisons.

Ce qu'il y a de plus horrible c'est que Rigault n'avait aucune conviction et qu'il commettait froidement toutes ces actions infâmes pour s'amuser et occuper ses loisirs. Il affectait dans ses manières un ton distingué et élégant qui jurait avec son langage grossier et ses actes ignobles. Depuis son élection à la Commune il était devenu soigné dans sa mise; il portait un costume de chef de bataillon d'une élégance peu commune, revers rouges, broderies et galons, rien n'y manquait.

Rigault était un jeune homme de petite taille, à la barbe longue et épaisse, au regard inquisiteur, voilé par un lorgnon qu'il ne quittait jamais : il avait la voix sonore qu'il grossissait pour se rendre plus terrible encore.

Ses gamineries cruelles nous auront coûté cher, car c'est un des membres de la Commune qui a fait le plus de mal, un de ceux qui ont vraiment commis des crimes et qui méritent les malédictions de tous les honnêtes gens. Il a expié, dit-on, à cette heure, ses horribles forfaits et a fait preuve, jusqu'à la mort, de ce cynisme, qui n'est pas le fait d'un homme courageux, et que l'on trouve souvent chez les criminels les plus impudents et les plus lâches qui reprennent à cet instant suprême un semblant de dignité et de tenue.

Voici comment sa mort a été racontée :

Mercredi, à trois heures, Rigault était venu donner des ordres aux fédérés du 5e arrondissement.

Il se rendit rue Gay-Lussac, à l'hôtel de ce nom où il avait loué une chambre. Au moment où il entrait dans la maison des soldats aperçurent le brillant costume du délégué à l'ex-préfecture de police et s'élancèrent à sa poursuite. Rigault fut pris et se nomma.

Les soldats le conduisaient au Luxembourg quand un colonel d'état-major rencontra l'escorte et s'enquit du nom du prisonnier qui répondit par le cri de « Vive la Commune ! A bas les assassins ! »

Rigault fut aussitôt acculé contre le mur et passé par les armes.

SERRALLIER.

2e arrondissement. — 3,141 voix.

Auguste Serrallier, né à Draguignan le 27 juillet 1840, est fils d'un révolutionnaire très-connu dans le département du Var. Il exerça l'état d'ouvrier formier pour bottes, et adhéra un des premiers à l'Internationale.

Membre du Conseil général de l'Association internationale des travailleurs, dont le siége est à Londres, Serrallier fut envoyé à Paris par l'Association le 6 septembre 1870 pour y combattre les hommes que la Révolution du 4 septembre venait de placer au pouvoir.

Il passa le temps du siége à faire contre eux la propagande la plus énergique et la plus opiniâtre; c'est lui qui valut à la réunion publique de la *Cour des Miracles,* cette renommée démagogique si vivement signalée par la presse.

Dès les premiers jours du siége, dans les réunions publiques, il attaquait avec passion les membres du gouvernement de la défense nationale, et leur reprochait de ne rien avoir fait encore pour nous éviter la honte de nouvelles défaites.

D'une éloquence peu commune, Serrallier avait une compétence toute spéciale dans les questions économiques. Son énergie véritable en fit l'ennemi le plus acharné du romantisme politique, et ce fut une des raisons de son antagonisme contre Félix Pyat.

Serrallier est de taille moyenne, maigre et fortement marqué de cette maladie qui donna à la figure de Mirabeau cette mâle beauté que l'on admire dans tous ses portraits.

A la Commune, il parlait peu, et ne se fit guère remarquer que par d'assez vives discussions toutes personnelles avec M. Pyat, qui lança contre lui des calomnies dont, suivant son habitude, il ne se donna pas la peine de prouver la véracité.

Serrallier avait été élu membre de la Commune dans le 2e arrondissement aux élections complémentaires, et fut placé dans la Commission du travail et de l'échange.

Il vota contre le Comité de salut public et peut être rangé parmi les membres qui firent preuve de quelque modération de la Commune.

Serrallier est retourné à Londres où il avait déjà fait un long séjour et où il résidait quand la chute de l'Empire lui permit de rentrer en France, dont le séjour lui était interdit par les poursuites dont il avait été l'objet à cause de son active propagande en faveur de l'Internationale.

SICARD.

7e arrondissement, — 1,699 voix

A. Sicard était un marchand de crinolines établi dans la rue du Bac qui s'était mêlé activement au mouvement des réunions publiques dont il fut un des organisateurs dans son quartier.

C'est la salle du *Pré-aux-Clercs* qui fut le théâtre de ses nombreux exploits oratoires; c'est là qu'il acquit une certaine popularité parmi les habitués des réunions.

Mais ses admirateurs n'étaient pas, semble-t-il, bien nombreux, car il ne put réunir que 1,699 voix aux élections complémentaires du 7e arrondissement. Grâce à la législation électorale si commode adoptée par ses collègues, il put siéger à la Commune, dans laquelle refusèrent d'entrer MM. Rogeard et Briosne, nommés dans les mêmes conditions et même avec un chiffre de voix plus élevé.

Son vote pour le Comité de salut public fut assez ambigu, il vota contre le mot de *salut public* qu'il appela «un de ces mots ronflants qui restent souvent lettre-morte » ; mais il finit par adopter l'ensemble du projet et par approuver la création d'un Comité de salut public, parce qu'il déclara être d'avis de prendre des mesures radicales et sérieuses.

Dans la bouche d'énergumènes et d'ignorants comme le sont tous ces orateurs de réunions publiques, on sait ce que veulent dire « des mesures radicales et sérieuses. » Habitués à saturer leur public de mots ronflants et d'expressions exagérées qui sont inoffensives dans la bouche d'orateurs, ces clubistes se croient obligés, une fois arrivés au pouvoir, d'appliquer leurs ineptes et dangereuses théories, qui ne deviennent plus alors lettre-morte, mais de terribles réalités.

Sicard ne prit qu'une faible part aux discussions de la Commune ; membre de la majorité, dont il représentait bien l'incapacité pleine de violence, il fut placé dans la Commission de la guerre où il n'eut pas longtemps à exercer ses nouvelles fonctions.

Sicard était un homme d'un peu plus de trente ans, qui ne jouissait pas dans son quartier d'une grande réputation de capacité et de talent.

C'est à sa fréquentation des clubs dans lesquels il prit souvent la parole qu'il dut le millier de voix qui lui permit de siéger au nombre des membres de la Commune.

THEISZ

18e arrondissement. — 14,950 voix.

Albert Theisz était un des principaux membres de la Fédération des associations ouvrières et de l'Internationale ; il a figuré en cette qualité dans le dernier procès intenté à cette Société, et c'est de cette époque que date sa notoriété. C'était un des membres les plus modérés de la Commune, dont il se tint presque toujours à l'écart, se bornant à surveiller le service des postes, à la tête duquel l'avait placé la Commune.

Theisz est un ouvrier ciseleur âgé de trente-deux ans, qui à force de travail et d'ordre était parvenu à se créer un établissement prospère dans le dix-huitième arrondissement. Il se mêla activement au mouvement social et fut un des plus actifs promoteurs de la Fédération des sociétés ouvrières, où il fut délégué par la société des ouvriers bronziers.

Theisz figura au congrès de Bruxelles et prit part aux manifestations de l'Internationale, le plus souvent comme membre de la Chambre fédérale, quoiqu'il fît partie des deux associations dont il a cherché, dans sa défense devant la Cour, lors du troisième procès de l'Internationale, à bien montrer la distinction et les différences. Il fut un des membres du comité de résistance des ouvriers bronziers, dont la grève fut si fameuse, protesta contre les massacres d'Aubin et signa le manifeste anti-plébiscitaire de l'Internationale, dont il est un des plus anciens adhérents.

C'est comme membre de la Chambre fédérale des ouvriers qu'il fut impliqué dans le procès de l'Internationale du mois de juin 1870. Sa défense fut une énergique protestation contre la situation sociale faite aux ouvriers par l'organisation actuelle de la société, elle prouve de la part de Theisz une connaissance profonde des lois économiques qui doivent régir le travail. Nous citerons quelques fragments de ce discours dans lequel il s'est fait l'organe des revendications de la classe ouvrière, et où se trouvent, à côté d'idées fort justes, les exagérations dont sont remplis d'ordinaire tous les manifestes émanant de l'Internationale.

Après avoir protesté avec beaucoup d'énergie contre l'arrestation préventive qu'on lui fit subir pendant quarante-six jours à Mazas, il releva en ces termes l'épithète d'insensées dont l'avocat impérial avait qualifié les doctrines de l'Internationale :

« Eh ! Messieurs, avant de dénoncer nos théories économiques, avant de traiter de phraséologie creuse la forme peut-être encore confuse que prennent des revendications légitimes, avant de nous livrer à la vindicte de nos concitoyens, a-t-on recherché sérieusement les causes de ce grand mouvement ouvrier dont personne ne peut contester l'existence? Tout en affirmant l'égalité, a-t-on étudié les rapports du patronat et du salariat? Tout en affirmant la justice, a-t-on constaté l'infériorité imposée au travail, seul créateur de la richesse publique? Si l'on ne sait rien, si l'on ne peut rien nous apprendre, pourquoi donc veut-on nous empêcher de rechercher un ordre social plus équitable?....

» Depuis 1789 toutes vos constitutions affirment et prétendent garantir la liberté, l'égalité, la fraternité ! Or, chaque fois qu'un peuple accepte comme but une formule abstraite, philosophique, politique ou religieuse, il n'a plus ni repos, ni trêve qu'il n'ait fait passer cet idéal du domaine des théories dans le monde des faits. Nous voulons, nous, faire descendre la formule révolutionnaire des abstractions politiques où elle se tient depuis 89 dans les réalités sociales.... »

Malgré les exagérations de ce réquisitoire contre l'organisation de la société, il faut avouer que le discours de Theisz contient certaines vérités et attaque certains abus destinés à disparaître, mais ce n'est pas par la force, par la violence qu'on arrivera à la solution de ces problèmes sociaux, et quand l'Internationale est sortie de la discussion pour prendre les armes et essayer de faire justice elle-même des vices de l'organisation sociale, elle a reculé d'un siècle l'avènement de ces réformes. Elle a indigné contre elle les honnêtes gens qui l'auraient soutenue dans ses pacifiques revendications, et que son appel à la violence a obligé de sévir et de prendre les armes contre elle.

Theisz fut condamné à deux mois de prison comme ayant fait partie d'une société non autorisée de plus de vingt personnes.

Rendu à la liberté par la Révolution du 4 septembre, il se mêla peu aux attaques que ses collègues de l'Internationale ne ménagèrent pas au gouvernement de la défense et fit bravement son devoir comme garde national du 152e bataillon.

Les antécédents de Theisz le firent élire membre de la Commune, qui lui confia la direction du service des postes et qui le nomma en même temps membre de la Commission du travail et de l'échange.

Theisz protesta, avec plusieurs membres de la Commune, contre l'institution du Comité de salut public et signa le manifeste de la minorité dissidente.

D'un caractère doux et modéré, d'une intelligence réelle, Theisz fut un des hommes qui, dans la mesure de leur influence, tentèrent de faire entrer la Commune dans la voie de la modération. Il ne put y parvenir, mais il peut du moins revendiquer l'honneur d'avoir protesté contre les violences de ses collègues et de n'avoir prêté la main à aucun de ces actes pour lesquels on ne peut formuler de trop flétrissante réprobation.

Dans les derniers jours du règne de la Commune,

quand les Tuileries, l'Hôtel-de-Ville et la Préfecture de police étaient livrés aux flammes par ordre du Comité de salut public, Theisz eut le courage de résister aux ordres de ses collègues et sauva de l'incendie l'hôtel des postes. Le gouvernement lui sut gré de cette action et lui accorda un sauf-conduit avec lequel il a pu gagner l'Amérique.

TRIDON.

5e arrondissement. — 3,948 voix.

Gustave Tridon était l'un des révolutionnaires les plus connus et les plus poursuivis sous l'Empire, il est âgé de trente ans. C'est le fils d'un petit propriétaire de la Côte-d'Or, qui fit sa fortune en achetant des biens d'émigrés, qu'il revendit ensuite par lots avec d'immenses bénéfices.

G. Tridon est né à Dijon, en 1841, il fit ses études à Paris, où il fut reçu avocat. Après avoir écrit dans plusieurs petits journaux du quartier latin, entr'autres dans le *Travail,* il fonda *le Candide,* qui tira jusqu'à onze mille exemplaires, et qui fut supprimé au bout de quelques numéros. Tridon créa ensuite *le Critique,* qui ne dura pas davantage; mais une brochure qu'il écrivit en 1864, *les Hébertistes,* contribua surtout à lui donner une réputation d'écrivain de talent bien méritée.

Tridon fut l'âme de toutes les conspirations formées contre l'Empire, qui ne lui ménagea pas les persécutions de toute nature. Pendant son séjour à Sainte-Pélagie, en 1862, où il avait été enfermé pour délit de presse, Tridon avait connu Blanqui, dont il resta l'ami et le fidèle disciple.

Arrêté en 1866, au café de la Renaissance, il fut, avec vingt-deux autres inculpés, accusé de société secrète et condamné à quinze mois de prison, sans compter quatre mois de détention préventive.

Le gouvernement voulait, par cette dure condamnation, se venger de la présence et de la participation de Tridon aux congrès de Liége et de Genève, où il avait, surtout dans le premier, manifesté en termes violents, sa haine contre l'Empire.

Compromis lors du procès de Blois, comme complice d'attentat contre la sûreté de l'Etat et la vie de l'empereur, Tridon se réfugia à Bruxelles, où il avait déjà fui les persécutions, et où il écrivit le 6 mai une lettre dans laquelle il protestait contre le rapport de M. Grandperret, qui l'impliquait dans cette affaire. Malgré ces dénégations, il fut condamné, par contumace, à la peine de la déportation.

Il revint en France après le 4 septembre et fonda, avec Blanqui, *la Patrie en danger,* dont il fut un des plus assidus collaborateurs. D'un caractère moins que courageux, Tridon, qui avait été un des plus acharnés adversaires du gouvernement de la défense, n'osa point se mettre trop en avant au 31 octobre. C'est grâce à l'absence de preuves établissant sa participation à ce mouvement insurrectionnel qu'il dut de ne pas être compris dans le nombre des individus arrêtés et jugés pour cette échauffourée.

Aux élections législatives, Tridon fut élu député par le département de la Côte-d'Or, mais il donna bientôt sa démission, en même temps que Rochefort, Ranc et Malon.

Nommé après le 18 mars membre de la Commune, dans le cinquième arrondissement (quartier du Panthéon et des Ecoles), Tridon fut placé dans la Commission exécutive, puis après le remaniement des Commissions, dans le Comité de la guerre.

Tridon vota contre le Comité de salut public, qu'il regardait comme une institution aussi inutile que fatale, et derrière lequel il voyait poindre, disait-il, la capitulation. Ce n'était malheureusement pas à ce résultat que devait aboutir la dictature du Comité de salut public, son œuvre fut cette lutte sanglante que terminèrent les incendies allumés *par ordre* dans les différents quartiers de Paris.

Tridon, après avoir signé le manifeste de la minorité, refusa absolument de reparaître à la Commune et fut presque aussitôt remplacé, à la Commission de la guerre, par un des membres de la majorité.

Tridon, polémiste de talent, disciple, nous l'avons dit, de Blanqui, mit sa plume et sa fortune au service de la cause révolutionnaire. Son courage n'a jamais été à la hauteur de ses convictions, c'est, du reste, un garçon maladif, d'un tempérament peu propre à l'action.

Malgré son fanatisme, il ne manquait point de sens politique, et il l'a prouvé en ne se laissant pas entraîner dans cette voie de mesures insensées qu'adopta sans hésitation la Commune.

On ne se figurerait pas, en lisant les articles pleins de verve et d'énergie de Tridon, que leur auteur est un jeune homme débile, au teint pâle et défait, qui semble se relever d'une maladie dangereuse. On dit, et cela ne nous étonnerait point, que ces derniers événements ont achevé de l'abattre et ont rendu la maladie dont il souffrait déjà depuis longtemps presque mortelle.

TRINQUET.

20e arrondissement. — 6,771 voix.

Trinquet (Alexis-Louis), né à Valenciennes, est âgé de trente-cinq ans. C'était un cordonnier de Belleville, bien connu des habitués des réunions publiques. En 1869, il était l'un des membres du Comité électoral qui proposa et soutint la candidature de M. Rochefort.

Depuis cette époque, Trinquet devint employé à la *Marseillaise* et se trouva arrêté dans une des perquisitions opérées dans les bureaux de ce journal. Il fut aussi emprisonné pour cris séditieux le 8 février 1870 et condamné à six mois de prison.

Trinquet est un petit homme trapu, encore jeune, il a le maintien et la mise d'un ouvrier, mais son regard manque de franchise.

Nommé par le 20e arrondissement aux élections complémentaires pour la Commune, Trinquet fut placé dans la Commission de sûreté générale, à laquelle il consacra tous ses soins.

Il se mêla peu aux discussions de la Commune, mais ce fut cependant lui qui demanda, dans une des séances, qu'on frappât d'une forte contribution les gardes nationaux qui avaient quitté Paris.

Trinquet était un révolutionnaire ardent; sa réserve et son silence cachaient un esprit étroit fanatique et ambitieux. C'est un de ces hommes incapables que quelques succès obtenus dans les clubs avaient grisé et qui se croyaient destinés à régénérer la société et à gouverner leurs semblables.

Trinquet fut un des orateurs les plus assidus des réunions publiques sous l'Empire, il s'y fit remarquer par sa violence et son incapacité prétentieuse plus que par son intelligence, dont il ne fit guère preuve dans la Commune, où il ne prit presque jamais la parole, se réservant probablement pour la Commission de sûreté dont il faisait partie et dont les discussions et les actes étaient secrets.

Il vota pour le Comité de salut public et se fit remarquer, dans les rares occasions où il prit la parole, comme un des membres violents de la Commune.

URBAIN.

7e arrondissement. — 2,803 voix.

Urbain (Raoul), né dans le Calvados est âgé de trente-trois ans, Son nom était presque inconnu avant la révolution du 18 mars qui lui a fait pour un instant une réputation. C'est un ancien employé, qui dirigeait récemment une école rue de Verneuil, dans laquelle il cherchait à inculquer à ses élèves ses principes républicains plutôt que l'instruction que les familles le chargeaient de leur donner. Il fut du reste obligé d'abandonner son institution, car les conditions hygiéniques dans lesquelles se trouvait le local avaient attiré l'attention de la municipalité, qui le força à fermer son établissement scolaire.

Urbain fut ensuite pendant quelque temps un modeste employé de chemin de fer, exact et rangé comme ses collègues, mais quand arriva le siége il se jeta à corps perdu dans le mouvement politique des réunions populaires. Nommé membre du comité de vigilance de son arrondissement il fut, après le 18 mars, un de ceux qui chassèrent M. Arnaud de l'Ariége et ses adjoints de la mairie du 7e arrondissement au nom du Comité central, qui le chargea de veiller aux élections du 26 mars. Nommé membre de la Commune, Urbain resta à la mairie comme administrateur du 7e arrondissement.

Au milieu de collègues aussi insensés que la plupart des membres de la Commune, il fut un de ceux qui trouvèrent cette assemblée trop modérée et qui ajoutèrent encore à ses sottises et à ses infamies déjà si nombreuses.

Après avoir voté pour la validation des élections à la majorité absolue des votants et pour le Comité de salut public, il réclama dans une des dernières séances de la Commune l'exécution de la loi atroce votée mais encore non exécutée contre les ôtages, et il a attaché son nom aux sanglantes exécutions qui en furent l'application.

Membre de la commission d'enseignement, Urbain fut après sa sanguinaire proposition nommé membre de la commission de la guerre, qui remplaça dans ces fonctions l'ancienne commission composée de membres dissidents de la Commune.

Urbain a formulé son vote pour le Comité de salut public dans une phrase qui donne une idée exacte de son intelligence et de son honnêteté politiques : « Considérant qu'aucune mesure trop énergique ne saurait être prise par la Commune dans les circonstances actuelles, je vote pour. »

Urbain est un homme de petite taille, au nez retroussé, à la mine hypocrite et aux traits vulgaires. Il est plein de vanité comme toutes les nullités prétentieuses qui n'ont jamais pu arriver à se faire une réputation de bon aloi et qui, voulant être connues à tout prix, ne reculent pour atteindre ce but devant aucune cruauté et aucun crime.

Il fut arrêté dans la nuit du samedi au dimanche 11 juin dans un logement garni de la rue Commines, et figure aujourd'hui dans le nombre des membres de la Commune traduits devant le 3° conseil de guerre de Versailles.

VAILLANT.

8e arrondissement. — 2,145 voix.

Marie-Edouard Vaillant, né à Vierzon (Cher), le 26 janvier 1840, fit à Paris de bonnes et fortes études, qu'il alla compléter dans les Universités allemandes. Après s'être fait recevoir ingénieur civil, il étudia la médecine, et c'est ainsi qu'il se lia au quartier latin, avec Tridon, Rigault et Protot. Il fréquenta leurs réunions et se mêla, à cette époque, à plus d'une de leurs conspirations, en ayant toutefois le soin d'éviter toutes les tracasseries de police que s'attirèrent si souvent ces ineptes conspirateurs en chambre.

Il quitta bientôt ce cercle de relations où l'on parlait plus qu'on agissait, et où l'on travaillait moins encore. Doué d'un esprit studieux, il comprit que c'était en Allemagne qu'il pouvait puiser cette instruction solide qu'il désirait acquérir et sur laquelle il voulait édifier sa carrière politique.

Après avoir passé sa thèse de docteur ès-sciences, Vaillant partit pour l'Université d'Heidelberg où il séjourna de 1866 à 1867, puis il alla à Tubingen, où il suivit avec assiduité les cours des professeurs allemands. Il continua ses études de médecine à l'Université de Vienne, où il se trouvait en 1868 et en 1869, et d'où il partit pour revenir à Tubingen, qu'il quitta au mois d'août 1870, à son grand regret, en maudissant cette guerre soulevée entre deux grands peuples qui n'auraient dû lutter que sur le terrain de la science et de l'industrie.

Vaillant, en même temps qu'il étudiait la médecine, avait suivi les cours de philosophie allemande et goûté surtout les doctrines hégéliennes. La question sociale fut aussi l'objet de ses études favorites.

Partisan de l'Internationale, Vaillant devint un des membres les plus influents et les plus actifs des réunions qui se tenaient à la Corderie du Temple, où se prépara le mouvement du 18 mars. Membre du Comité central, il fut délégué aussitôt après la Révolution au ministère de l'intérieur, fonction qu'il conserva même après son élection à la Commune.

On peut dire que les électeurs du huitième arrondissement le nommèrent sans le connaître, car Vaillant était presque inconnu avant la Révolution du 18 mars. Ses collègues le placèrent à la Commission exécutive, dans laquelle il resta ensuite comme délégué à l'enseignement.

Vaillant, qui, grâce à son érudition et à son long séjour dans les universités allemandes, aurait pu faire un professeur excellent, fut un bien triste homme politique. Il n'eut en effet aucune idée claire, aucune vue nette de la situation ; sa pratique de la philosophie allemande lui avait faussé l'esprit et obscurci le jugement, elle en fit un métaphysicien politique.

Son vote en faveur du Comité de salut public est la preuve frappante de ce que nous avançons. Les longs considérants par lesquels il l'a motivé ne peuvent être reproduits ici, mais nous pouvons faire remarquer qu'après avoir montré l'inutilité de cette création nouvelle, il lui donna son vote, absolument comme cet Allemand Frankel, qui a déclaré voter pour le Comité de Salut public, *quoiqu'il ne vît pas l'utilité de cette institution.*

Il est curieux en effet de remarquer que ces deux hommes, qui ont reçu une instruction semblable, qui sont imbus des mêmes idées philosophiques et sociales, ont fait preuve dans cette question d'aussi peu de logique et ont formulé leur vote d'une façon presque identique.

Au milieu des longs et nuageux considérants dont il a cru utile d'accompagner son vote, sentant le besoin de l'expliquer, mais ne pouvant y arriver malgré ses efforts, nous relevons ce jugement de M. Vaillant sur la Commune : « Si l'Assemblée voulait avoir un réel comité exécutif, pouvant vraiment prendre la direction de la situation, parer aux éventualités politiques, elle devrait commencer par se réformer elle-même, *cesser d'être un petit parlement bavard, brisant le lendemain aux hasards de sa fantaisie ce qu'il a créé la veille, et se jetant au travers de toutes les décisions de sa commission exécutive.* »

On s'étonne que l'homme qui a formulé cette critique si acerbe et si juste de la Commune en soit resté jusqu'au dernier jour un des chefs, alors que loin de réformer ses défauts, elle devenait de plus en plus bavarde et inepte. C'est là, en effet, le défaut des esprits de la nature de ceux de Vaillant ; s'ils ont quelquefois des idées théoriques assez justes, ils les faussent dans la pratique, en ne sachant pas appliquer un principe vrai dont ils déduisent les conséquences les plus illogiques et les plus insensées. Cela prouve que les hommes politiques qui méritent vraiment ce nom ne sont pas les gens les plus érudits et les plus imbus de principes philosophiques, mais ceux qui doués d'une intelligence sûre n'hésitent pas à mettre leurs actes en conformité avec leurs principes, ceux qui, en un mot, sont des hommes pratiques et non de purs théoriciens.

Au physique, Vaillant est un homme de taille ordinaire, à la figure fatiguée par l'étude, à la voix douce et timide, aux manières réservées et silencieuses. C'est un vrai type d'étudiant d'Heidelberg à qui il ne manque que la blonde chevelure des habitants de la Germanie.

Il a, du reste, la tournure d'esprit et le caractère d'un Allemand et conserve un calme imperturbable dans les discussions les plus passionnées ; c'est ainsi qu'il a écrit dans un des premiers numéros du *Journal officiel* de la Commune, un article où il s'est fait froidement l'apologiste du régicide ! De pareilles idées prouvent bien que le sens moral manque à Vaillant autant que le sens politique.

Vaillant grâce à ses relations avec les Allemands chez lesquels il a vécu assez longtemps et qu'il n'a quitté qu'au lendemain de la déclaration de guerre, Vaillant a pu traverser les lignes prussiennes et se réfugier en Allemagne.

VALLÈS.

15e arrondissement. — 4,403 voix.

Jules-Louis-Joseph Vallès, est né au Puy le 11 juin 1833, c'est le fils d'un professeur. Après avoir commencé ses études au lycée de Nantes, il vint les terminer à Paris en 1850. Sa biographie est peut-être la plus embarrassante, la plus difficile de toutes celles que nous avons entreprises, parce que la vie de Vallès est si complexe, si multiple, si désordonnée qu'on a peine à le suivre dans toutes ses courses, et qu'on parvient difficilement à noter tous les travaux qu'il a entrepris, puis laissés un moment et repris ensuite souvent sans les achever.

J. Vallès a passé sa jeunesse au quartier latin où il a écrit dans de nombreux journaux; il a expliqué lui-même, dans un article du *Courrier de l'Intérieur* qui lui valut plusieurs mois de prison, l'atonie et le marasme dans lequel le coup de massue du 2 décembre jeta la jeune génération née à la vie politique à cette époque.

Vallès avait collaboré à plusieurs feuilles. Il écrivit ensuite une brochure intitulée : *l'Argent, par un homme de lettres devenu homme de bourse*. Après avoir travaillé pour la *Revue européenne* et rédigé quelque temps une revue humoristique de la Bourse dans le *Figaro*, Vallès entra comme employé à la Préfecture de la Seine.

Il quitta bientôt l'Hôtel-de-Ville pour rentrer dans le journalisme et collabora à l'*Epoque*, à l'*Evénement* et à la *Liberté*. A l'*Evénement*, il fit pendant longtemps une chronique quotidienne que couvrait d'or l'impressario Villemessant. Le style bizarre, les idées excentriques de J. Vallès lassèrent bien vite les lecteurs de ce journal.

Wolff postulait alors la place de premier ténor et réussit à évincer J. Vallès, qui avait eu la bizarre idée de faire voter les lecteurs de l'*Événement* sur le maintien de sa chronique dans le journal. Le résultat de cet étrange plébiscite lui ayant été défavorable, Vallès n'écrivit plus que quelques articles et fut bientôt remercié.

Vallès avait débuté par un article remarquable, *les Réfractaires*, qui avait rempli tout un numéro du *Figaro*.

Écrit dans une langue forte et imagée, cet article dont il fit bientôt un livre, étale toutes ces misères inconnues qui avaient échappé jusqu'ici aux yeux des philanthropes, parce que ces misères ne sont pas classées, ni étiquetées dans le catalogue des bureaux de bienfaisance. Il y parle de ces fourvoyés de collége qui, au sortir de leurs classes, se sont trouvés impuissants et inhabiles à gagner leur vie, leur éducation et la fatalité les ayant jetés éperdus et affamés dans des aventures dont le récit fait sangloter et rire.

Cette jeunesse forme une armée de *réfractaires*, pareille à celle qui, sous le premier Empire, fuyait dans les bois pour échapper à la loi de la conscription, faisant continuellement dans la vie une école buissonnière pleine de souffrances, de déceptions et de larmes.

En juin 1867, Vallès fonda la *Rue*, où il commença à indiquer ses tendances politiques, tout en se renfermant dans le domaine littéraire, le journal n'étant timbré ni cautionné.

Les principes qu'affirmait la rédaction de la *Rue*, causèrent quelque émoi dans le monde littéraire.

Vallès, dans une de ses nombreuses professions de foi qui lui servait de préface, disait :

« Nous crierons : « Silence aux ganaches ! » et » peut-être bien : à bas les morts ! Nous attaquerons » toutes les aristocraties, celles de la vieillesse et du » génie; et nous prendrons tels qu'ils sont les » grands et les petits, les respectés comme les mi- » sérables ! »

Parmi les collaborateurs de la *Rue*, nous pouvons citer les noms suivants :

Arthur Arnould, F. Enne, Maroteau, Albert Brun, et le policier Stamir, qui s'était glissé dans la rédaction pour y surveiller ces hommes *dangereux*.

Un jour le journal la *Rue* empiéta trop franchement sur le domaine de la politique, et le président de la 6e chambre se chargea de faire passer cette feuille de vie à trépas.

L'entrée de Vallès dans la vie politique date du

mois de février 1869, époque à laquelle il se présenta aux élections comme socialiste radical, contre Jules Simon. La circonscription qu'il avait choisie était celle du faubourg Saint-Antoine.

Cette fois, il aborda la tribune en développant ses théories socialistes. Il le fit avec une brutalité de langage qui causa plus de surprise que d'entraînement sur son auditoire d'ouvriers.

Jules Simon n'eut pas de peine à vaincre son infime adversaire et fut nommé à une grande majorité.

Pour soutenir sa candidature, Vallès avait publié un journal, *le Peuple,* en collaboration avec Longuet, Georges Duchêne et Pierre Denis. Ce journal ne vécut que quinze numéros.

Le 4 septembre, Vallès fut nommé chef de bataillon, et fut forcé de donner sa démission avant le 31 octobre, auquel il prit une part très active et pour lequel il fut poursuivi.

N'ayant plus de poste officiel, il rentra dans le journalisme en fondant le *Cri du peuple,* qui parut le 22 février.

Ce journal, qui se fit l'écho des protestations contre la capitulation, eut un immense succès. Vallès y prêcha la révolte sociale, tout en cherchant à se rallier les intérêts bourgeois. Ce journal fut supprimé par l'arrêté du général Vinoy, et ne reparut qu'après le 18 mars.

Dans le procès qu'on fit aux hommes du 31 octobre, Vallès fut condamné à six mois de prison pour s'être emparé de la mairie du 20e arrondissement.

Vallès fut porté aux élections législatives de février et obtint plusieurs milliers de voix.

Le *Cri du Peuple* reparut après le 18 mars et un des rédacteurs y émit le premier, dans un article intitulé *Paris ville libre,* l'idée de rendre Paris indépendant du reste de la France.

Elu membre de la Commune, Vallès fut placé dans la Commission d'enseignement.

Il vota contre la validation des élections à la majorité absolue des votants et contre le Comité de salut public. C'est même lui qui prit la parole à la Commune pour défendre la déclaration des membres de la minorité, si vivement attaquée par Grousset.

Vallès est doué d'une nature exceptionnelle, pleine de verve, d'originalité, c'est le dernier de ces bohêmes tels que nous en avons connus du temps des Murger et des Delvau. La voix de Jules Vallès est sourde et cassée, et elle donne à ses paroles un ton farouche et sombre, qui n'est ni dans le tempérament ni dans l'esprit de Vallès.

Si nous prisons Vallès comme écrivain, si nous avons lu avec plaisir ses nombreux articles de l'*Evénement*, du *Courrier Français* et de la *Rue*, nous n'avons pu cependant ne pas manifester notre étonnement de voir nommé membre de la commission de l'enseignement l'homme qui invitait ses lecteurs à s'associer à la manifestation qu'il avait organisée contre Molière, et dont la formule était celle-ci : « Nous déclarons que le *Misanthrope* nous ennuie, » et qui, en toute occasion, a déclaré la guerre à l'érudition et à l'enseignement.

« A bas, s'écriait-il dans un article de *la Rue*, le » mélodieux Virgile, l'immortel Patachon, qui a » fait l'*Iliade* et l'*Odyssée*. On nous a rassasiés de » gravité, de morale et de gloire! Allons! vive la » blague : cascade, Hortense Schneider! Et toi, vieil » Homère, aux Quinze-Vingts!

« On mettrait le feu aux bibliothèques et aux » musées, qu'il y aurait pour l'humanité, non pas » perte, mais profit et gloire. »

A ce propos nous nous souvenons qu'il y a quelques années, du temps où la manie des conférences sévissait, Vallès eut l'idée, lui aussi, de donner une conférence au boulevard des Capucines. Ce soir-là il sacrifiait à la mode du jour. La salle était comble, pleine du monde le plus élégant et de l'esprit le plus fin et le plus délicat.

Le sujet qu'il devait traiter était : *Balzac, sa vie et ses œuvres.*

Monté sur son estrade, agitant son verre d'eau sucrée pour se donner une contenance, Vallès fixait son auditoire.

C'était la première fois qu'il parlait en public; c'était aussi son début dans le monde.

Disons de suite qu'il n'avait nullement préparé son sujet. Il se trouvait là traqué par cette foule attentive, forcé de parler et d'amuser un public blasé et gouailleur.

A peine se rappelle-t-on aujourd'hui le discours qu'il fit à ce monde curieux et oisif. Ce dont nous nous souvenons c'est qu'au bout de dix minutes un murmure très prononcé d'indignation montait dans la salle ; Vallès n'en continuait pas moins de parler ; il entassait paradoxes sur paradoxes, il lançait les antithèses les plus bizarres; de M. de Balzac il n'était pas question pendant une minute; il parlait de Jésus-Christ à faire trembler les dames patronesses : « Dieu ne nous gêne pas ! » disait-il. Un moment après, frappant du poing, il s'écriait : « Nous sommes écrasés par quatre siècles de solennité ! La solennité, il n'en faut plus ! »

Quittant le domaine de la religion, il glissait sur la pente du socialisme; ses auditeurs indignés voulaient s'enfuir; il les rasseyait du regard sur leurs banquettes. Il éclaboussa la famille, tomba les préjugés, déclara la guerre au convenu dans l'art, demanda qu'on crevât les toiles de nos musées, se moqua des héros, bafoua les victimes, et finit par proclamer la souveraineté du peuple !

Le soir même, des sergents de ville envahirent la salle du boulevard des Capucines, et par ordre de la police, les conférences furent suspendues.

Cette escapade de Vallès donne une idée exacte de l'esprit de ce bizarre écrivain ; il y a en lui un pêle-mêle incroyable d'idées et de mots, les unes heurtant les autres, et tout cela se mêlant et formant un concert qui, malgré des notes parfois discordantes, ne manque point d'une certaine originalité et d'un charme véritable.

Comme politique, Vallès est un ignorant et un incapable, qui se laisse aller aux entraînements de son tempérament et du milieu dans lequel il vit ; il n'a ni conviction ni énergie.

Vallès, qu'on avait dit fusillé dès les premiers jours de l'entrée des troupes, vit tranquillement à Londres au milieu du petit cercle de réfugiés qui y représentent les débris de la Commune.

VARLIN,

6e arrondissement. — 3,602 voix.

Louis-Eugène Varlin, âgé de trente et un ans, ouvrier relieur, est un des fondateurs de l'Internationale qu'il a reconstituée, malgré les poursuites des tribunaux et après la condamnation du deuxième bureau de Paris dont il faisait partie. Varlin a été mêlé à toutes les luttes politiques et sociales de ces dernières années et il y a acquis une grande réputation de courage et de dévoûment à la cause révolutionnaire socialiste.

C'est un homme modeste, froid et réservé, qui

parle peu et dont on n'a jamais bien connu toute la pensée.

Varlin fit partie, dès son origine, de la section parisienne, dont il n'a pas cessé d'être le chef, ou du moins l'un des chefs les plus actifs. Condamné à trois mois de prison, en 1868, il n'eut pas de repos, après sa sortie de prison, qu'il n'ait reconstitué sur de nouvelles bases l'association que venait de dissoudre cette condamnation. Sous sa vive impulsion, les Chambres syndicales s'organisèrent et formèrent une masse d'associations ouvrières qui furent groupées plus tard sous le nom de *Fédération*.

Ouvrier relieur, Varlin travailla chez Lenègre et chez Kauffmann, où il essayait déjà d'organiser des grèves. Il n'y a pas eu, en effet, de plus actif agitateur que Varlin, qui fomenta des grèves dans toute la France, et dont la plus fameuse, celle du Creuzot, a été certainement la grande œuvre. Ses débuts datent du Congrès de Genève (1866).

Il figura aussi au Congrès de Bâle comme délégué des corporations ouvrières, et reçut après l'organisation de la chambre fédérale (1869), dont le siége fut installé place de la Corderie-du-Temple, le titre de secrétaire correspondant de la fédération. C'était un poste auquel son activité et son intelligence le rendaient vraiment apte, et sa nombreuse correspondance, saisie lors du troisième procès de l'Internationale, montra bien qu'il ne considérait pas ces fonctions comme une sinécure et que l'association lui dut sa rapide extension.

Sa propagande s'étendit à Lille et au Creuzot, où il se rendit en personne, à Rouen, à Marseille, à Lyon, villes avec lesquelles il entretint la plus active correspondance. C'est lui qui empêcha l'Internationale de se désorganiser après le jugement qui la frappa en 1868; elle continua à vivre, à fonctionner comme par le passé, en empruntant différents noms, différentes formes, sans bureau officiellement constitué, recourant à des stratagèmes et à des biais pour déjouer la vigilance de l'autorité. C'est Varlin qui, avec le concours de Malon et de quelques autres internationaux dévoués parvint, non-seulement à conserver intacte l'organisation de l'Internationale, mais encore à étendre ses relations et à augmenter le nombre de ses adhérents. Il substitua simplement, pour atteindre ce but, son action individuelle à l'action collective du bureau qui venait d'être dissous par un jugement. Ce fut aussi l'un de ceux qui eurent l'idée de créer, à côté de l'Internationale, une institution distincte destinée à être un jour fondue dans l'Internationale; nous voulons parler de la Fédération ouvrière, dont les projets de statuts furent adoptés dans une réunion tenue le 18 *mars* 1869. Cette Fédération des sociétés ouvrières mettait dans les mains des chefs de l'Internationale une force puissante et toute organisée. Ils s'en servirent pour accomplir la révolution du 18 mars 1871, qui est bien l'œuvre de l'Internationale, puisque la Fédération de la garde nationale, composée en partie de membres de la Fédération ouvrière, siégeait dans le même local, place de la Corderie-du-Temple, où furent préparés le coup de main des canons et le plan de résistance exécuté le 18 mars.

Il y aurait de curieuses citations à faire des lettres de Varlin saisies lors du troisième procès de l'Internationale (juin 1870), elles ont servi à l'avocat impérial pour prouver l'existence de l'Internationale et le rôle actif que Varlin a joué dans sa réorganisation. Le cadre de cette biographie ne permet malheureusement pas d'entrer dans des développements qui achèveraient de faire connaître le rôle important que Varlin a joué dans le mouvement ouvrier. On l'y voit blâmant celui-ci, encourageant celui-là; entrant dans les détails de l'organisation des associations ou s'élevant aux plus hautes considérations politiques et sociales.

Il fut l'un des auteurs de toutes les protestations que l'Internationale rendit publiques à propos des massacres d'Aubin, du plébiscite, etc., etc., et fut signalé par le parquet comme la cheville ouvrière de l'association internationale en France.

Varlin fit défaut lors du troisième procès de l'Internationale, dont sa personne et ses actes défrayèrent tout le réquisitoire du procureur impérial. Il était à Londres et fut condamné à un an de prison comme faisant partie d'une société secrète.

Après le 4 septembre on suit plus difficilement la vie de Varlin, qui agit sans bruit et presque sournoisement, comme il l'avait fait pour la réorganisation de l'Internationale. Membre des plus influents de la réunion de la Corderie-du-Temple, où il siégeait comme membre de la Fédération ouvrière, et comme membre du Comité central de la garde nationale, Varlin, fédéraliste convaincu, peut revendiquer une large part de responsabilité dans la Révolution du 18 mars, qui est en grande partie son œuvre.

Les partisans de la Commune le comprirent si bien, qu'ils l'en récompensèrent en l'honorant d'une triple élection et de plus de 22,000 suffrages obtenus dans les sixième, douzième et dix-septième arrondissements.

Nommé membre de la Commission des finances, à la tête desquelles il avait été auparavant placé par la Comité central, Varlin fut ensuite nommé membre de la Commission des subsistances et délégué à à l'intendance. Il conserva cette dernière fonction jusqu'à la victoire de la majorité de la Commune sur l'élément modéré, qui y était si peu nombreux et qu'elle trouva moyen de rejeter de son sein par ses violences et ses cruautés.

Varlin, qui avait approuvé la validation des élections complémentaires vota cependant contre la création du Comité de salut public, s'associa à la déclaration signée par les membres de la minorité de la Commune. De ce jour, il cessa, comme la plupart des signataires, de paraître aux séances.

L'avocat impérial Lepelletier avait porté ce jugement sur Varlin, dans le procès de l'Internationale : « Ce n'est pas une intelligence ordinaire. » Nous dirons à notre tour : C'est une intelligence remarquable à qui il n'a manqué qu'une éducation et une situation différentes pour en faire un esprit des plus élevés et des plus modérés. Il s'est jeté dans le collectivisme, ou communisme non autoritaire, et l'a fait triompher dans l'Internationale, autrefois mutuelliste. Sous des dehors modestes et presque timides, Varlin cachait une excessive ambition, mais il ne crut pas probablement encore le moment opportun pour jeter le masque et pour se poser ouvertement en chef de la révolution. Il semblait douter de la réussite du mouvement du 18 mars et vouloir se réserver pour l'avenir.

Varlin fut un de ceux qui acceptèrent la lutte le jour de l'entrée des troupes, on le vit parcourir les barricades, blâmant les uns, louant les autres, encourageant tous les combattants. Après la mort de Delescluze, il prit le poste de délégué à la guerre qu'il conserva trois jours.

On croit encore que Varlin a été pris et fusillé rue des Rosiers à l'endroit même où avaient été assassinés les infortunés généraux Lecomte et Clément Thomas. Mais rien n'est venu confirmer cette nouvelle, et nous pensons plutôt qu'il a réussi comme beaucoup d'autres à s'enfuir hors de France.

VERDURE.

11e arrondissement. — 15,657 voix.

Auguste-Joseph Verdure, né en 1825 à Remilly (Pas-de-Calais), est un ancien professeur d'école primaire, devenu ensuite comptable dans une maison de commerce. Il s'est beaucoup occupé pendant les dernières années de l'Empire de la fondation de sociétés coopératives, sans du reste se mêler d'abord au mouvement de l'Internationale, à laquelle il ne fut affilié qu'en septembre 1870. C'est un des piliers du *Crédit au travail,* fondé par Beluze, qui l'envoya comme associé en province avec mandat d'activer la propagation du principe d'association, d'éclairer et d'aider les travailleurs dans l'organisation de leurs sociétés. On sait la fin misérable de cette institution créée dans un but généreux, mais gérée par des gens trop enthousiastes et trop confiants dans les résultats de la coopération.

Aux élections législatives de 1869, Verdure soutint énergiquement la candidature de J. Favre contre celle de Rochefort, ce qui ne l'empêcha pas d'entrer quelques mois après comme caissier à la *Marseillaise,* où il rédigea le bulletin du mouvement social.

Pendant le siége, il fut élu adjudant par un bataillon de la garde nationale. Sa fréquentation des ouvriers et des sociétés, dont il s'était longtemps occupé et dont il insérait les communications dans ses articles de la *Marseillaise,* lui avaient donné une certaine popularité qui le fit élire aux élections de la Commune dans un quartier ouvrier, le onzième arrondissement.

Verdure fit partie de la Commission de l'enseignement, qui a toujours été une de ses préoccupations et auquel il semble avoir voué toute son activité et tous ses efforts.

En effet, son nom ne figura que rarement dans les discussions de la Commune. Il vota contre la validation des élections complémentaires, mais il approuva la création d'un Comité de salut public. Verdure n'a joué à la Commune aucun rôle actif; il s'est occupé seulement de l'enseignement, ainsi que sa fille Maria Verdure, qui était membre de la Commission d'enseignement pour les femmes.

Verdure porte une longue barbe noire, un peu blanche depuis tous ces événements. C'est, comme Andrieu, un homme d'étude, et l'on se demande ce qu'il est venu faire dans cette Commune, où l'on ne pouvait organiser un service public aussi important que l'enseignement, tant les esprits étaient occupés uniquement de la lutte et de ses résultats. Verdure, que son passé aurait fait ranger parmi les modérés de l'assemblée, s'est montré cependant dans les derniers temps l'un des membres violents de la Commune.

VERMOREL.

18e arrondissement. — 13,784 voix.

Auguste Vermorel, né à Dénicé, près de Lyon, en 1841, était une des notoriétés de la presse démocratique. Sa vie politique, qui datait de ces dix dernières années, a été une des plus agitées et des plus malheureuses qu'on connaisse; il y perdit une modeste aisance, et y gagna de nombreux procès et d'interminables emprisonnements On ne se serait pas attendu à le voir figurer longtemps dans cette Commune, dont Ranc s'est bien vite retiré, tandis que Vermorel est resté jusqu'au dernier jour solidaire par sa présence de cette assemblée, dont il a presque constamment blâmé les folies et les cruautés.

Vermorel fit de précoces études au collége des jésuites de Mongré près de Villefranche, et fut reçu bachelier à quinze ans et demi avec dispense d'âge.

En 1860, il vint faire son droit à Paris et acheta avec quelques économies la *Revue pour tous* qui sombra entre ses mains. Il fonda ensuite au quartier latin plusieurs journaux, *la Jeune France* et *la Jeunesse,* qui, quoique traitant seulement de matières littéraires, lui valurent sa première condamnation et sa première visite à Sainte-Pélagie, où .il a, dans la suite fait de si longs et de si fréquents séjours.

Vermorel a débuté dans la carrière littéraire par une étude de mœurs assez légères, *Ces Dames,* et par deux romans, *Desperanza* et *les Amours vulgaires,* qui valurent à leur auteur les éloges des plus sérieux critiques.

Après la mort de ses journaux, Vermorel devint pour quelque temps secrétaire de la rédaction d'un journal qui paraissait en Belgique, la *Semaine universelle.* fondée par Marino Vreto.

Il a collaboré ensuite quelques mois au *Progrès de Lyon,* et M. de Girardin, qui avait remarqué son talent, le fit entrer à *la Presse,* qu'il quitta avec son rédacteur en chef pour le suivre à *la Liberté.*

L'esprit absolu et dominateur de Vermorel ne pouvait s'accommoder longtemps de la position secondaire, presque subalterne, qu'il occupait dans ce journal. Il fonda, en 1866, *le Courrier français,* d'abord hebdomadaire, puis bientôt quotidien, qui eut dans ces années de silence et de torpeur un si étonnant succès. C'était la première fois qu'on osait écrire de si foudroyants réquisitoires contre l'Empire et contre les hommes qu'il avait appelés au pouvoir.

Vermorel et ses rédacteurs payèrent par de fortes amendes et de nombreuses condamnations leur franchise et leurs polémiques si vives contre l'Empire. La lutte que Vermorel engagea avec MM. de Cassagnac et *le Pays* restera dans les annales historiques comme un signe du réveil des esprits, comme une protestation contre les agissements de ces écrivains.

Le Courrier français, qui avait voulu prendre dans la presse le rôle si difficile et si délicat de critique impitoyable et impartial de toutes les turpitudes de la société, succomba bientôt à cette tâche impossible. Vermorel entra à Sainte-Pélagie pour y purger une longue série de condamnations pour délits de toutes sortes commis dans son journal. En son absence, *le Courrier français* sombra et passa en d'autres mains, qui laissèrent Vermorel, gérant de la société, responsable des pertes, dont il endossa, du reste, toutes les charges en engageant, pour désintéresser ses créanciers, sa fortune personnelle et celle de sa mère.

Après sa sortie de Sainte-Pélagie, Vermorel continua la campagne qu'il avait inaugurée dans *le Courrier français* contre les députés de la gauche, en publiant deux volumes, *les Hommes de* 1848 et *les Hommes de* 1851, dont le premier contient de sanglants reproches à l'adresse des républicains de 48 et des prédictions dont l'avenir n'a que trop prouvé la justesse. Cependant ce livre, qu'il fallait un certain courage pour publier à cette époque, augmenta le nombre des ennemis, déjà si nombreux, que Vermorel s'était faits par ses attaques contre la gauche. On l'accusa de nouveau de semer la division dans le parti républicain au profit de l'Empire, et on prononça le nom de M. Rouher comme l'inspirateur de tous ces écrits.

Vermorel publia à cette époque un choix d'œuvres de *Marat* qui était la continuation de ses classiques révolutionnaires qu'il avait commencés par les œuvres de Robespierre, Vergniaud, etc., etc. Il avait aussi publié un recueil des œuvres de *Mirabeau* qui fait partie de la *Bibliothèque nationale.*

Les Vampires, petit pamphlet électoral, plein de verve, contre les députés de la gauche qui se représentaient en 1869 devant les électeurs, accrut encore la haine du parti républicain modéré contre Vermorel, qui devint, un peu plus tard, et pour quelques mois seulement, rédacteur en chef de *la Réforme.*

Ce fut pendant son passage à ce journal, où ses articles lui valurent encore près d'une année de prison, qu'il eut avec M. Rochefort, dont il avait soutenu la candidature dans les réunions de Belleville, cette querelle fameuse, qui se termina par la confusion du calomniateur. M. Rochefort avait gardé une certaine animosité contre Vermorel, qui l'avait défini en l'appelant « une attitude »; or, M. Rochefort, qui avait la prétention d'être un chef de parti, et qui, s'il a toujours été un homme d'esprit, n'a jamais pu se faire prendre au sérieux comme homme politique, M. Rochefort ne manqua pas l'occasion de se venger de ce jugement qui blessait son excessif amour-propre.

A l'occasion de l'enterrement de Noir, où une polémique assez vive s'engagea entre les rédacteurs de *la Marseillaise* et de *la Réforme,* Rochefort traita Vermorel de *mouchard de M. Rouher* en pleine séance du Corps législatif. L'insulté réclama la réunion d'un jury d'honneur devant lequel il somma M. Rochefort de porter les preuves de son assertion ; mais l'insulteur sembla peu disposé à se prêter à l'enquête exigée à bon droit par Vermorel, et ce ne fut qu'après la chute de l'Empire, quand M. Rochefort eut pu compulser à son aise les dossiers de la préfecture et des ministères, qu'il consentit à se rétracter et à retirer ses paroles dans une lettre qui fut rendue publique comme l'avait été l'attaque, et qui lava Vermorel des calomnies répandues à plaisir contre lui par ses ennemis.

Vermorel eut en effet beaucoup d'ennemis ; la violence de ses attaques, qu'il n'a ménagées à aucun des hommes qui lui ont paru s'écarter de leur ligne politique, lui aliéna jusqu'à ses amis et presque toutes les sympathies que lui aurait attirées son réel talent. Sa franchise lui créa des ennemis que la dureté de ses attaques rendit irréconciliables.

Son portrait est difficile à tracer, c'était une de ces figures qui se reconnaissent entre mille : une tête ronde sur un grand corps, de petits yeux au milieu d'une large figure, une moustache presque rousse sous des joues légèrement bouffies, un sourire fin et moqueur errant continuellement sur une bouche assez grande, voilà le physique. — Au moral, il était plein de douceur et d'affabilité, mais, dès qu'il prenait la plume, il se transformait et devenait acariâtre, emporté, et souvent cruel dans ses polémiques. Son désintéressement était célèbre, comme aussi la simplicité de sa vie.

Sa parole, d'une vivacité inouïe, qui tournait presque au bredouillement, l'empêchait d'exprimer avec ordre et clarté les idées si nombreuses et si diverses qui affluaient dans son cerveau et en faisaient un orateur détestable, dont on suivait difficilement les idées et les paroles.

Au 4 septembre, Vermorel se trouvait à Sainte-Pélagie, où il purgeait deux condamnations pour ses articles de *la Réforme,* et où il avait écrit un li-

vre, *le Parti socialiste,* publié au mois de juin 1870.

Il sortit de prison en même temps que Rochefort, délivré par le peuple; et s'empressa de faire reparaître *le Courrier français,* qu'il abandonna pour s'engager dans l'artillerie de la garde nationale.

Son tempérament le poussa tout autant que ses convictions à attaquer le gouvernement de la défense dans les réunions publiques de Montmartre; c'étaient, du reste, les anciens députés de la gauche qui occupaient le pouvoir, et il continua, cette fois soutenu par la classe ouvrière, la campagne que le premier et le seul pendant longtemps il avait commencée contre eux.

Impliqué dans les poursuites relatives aux faits du 31 octobre, Vermorel passa quatre mois de détention préventive dans des prisons souvent malsaines, d'où il demandait à sortir pour prendre sa part de la défense ne Paris. Il ne fut, malgré toutes ses protestations, jugé qu'au mois de février et acquitté par le conseil de guerre.

Comment Vermorel, qui avait fait preuve dans tous ses écrits d'intelligence et qui, après le 18 mars, tenta encore dans un journal, *l'Ordre,* qui n'eut que quelques numéros, de donner au conflit pendant une solution pacifique, comment Vermorel accepta-t-il si longtemps la responsabilité des actes de la Commune, contre lesquels son esprit devait le faire protester si souvent et avec tant de force? C'est là pour nous une énigme dont nous ne pouvons trouver l'explication que dans le caractère ambitieux de Vermorel, et dans son désir de montrer aux révolutionnaires qui avaient douté de son honnêteté politique, la fausseté de leurs attaques.

En effet, Vermorel, nous en avons une preuve certaine et encore peu connue, blâmait hautement la révolution du 18 mars, il avait même quelques jours après le départ du gouvernement interrompu la publication de son journal l'*Ordre* pour se retirer à Denicé auprès de sa mère. Il prévoyait les horreurs auxquelles allait servir de prétexte cette guerre civile, et loin de vouloir y prêter son concours, il avait résolu d'en éviter jusqu'à la vue.

Ce qui est même curieux, c'est qu'en quittant Paris, il craignait d'être reconnu et arrêté par ordre du Comité qui faisait déjà surveiller les gares, et il prit toutes les mesures imaginables pour partir incognito.

C'est pendant son absence, c'est pendant qu'il était près de Lyon que Vermorel fut porté candidat par le Comité de son arrondissement aux élections communales du 26 mars.

Un ami qui doit bien regretter aujourd'hui ses malheureux conseils, lui écrivit pour lui apprendre son élection et pour l'engager à revenir à Paris. Vermorel revint et accepta un mandat qu'il n'avait point sollicité et auquel il avait voulu se dérober en partant *secrètement* quelques jours auparavant.

La Commune, malgré sa méfiance pour tous les hommes intelligents, n'hésita pas, quelque temps après, à nommer Vermorel membre de la Commission exécutive, où il fit preuve, avec Avrial, d'une modération que combattit souvent M. Pyat.

La publicité que donna Vermorel à quelques discussions de la Commission exécutive fut l'objet d'une réponse assez vive de M. Pyat, qui reprit contre lui les stupides accusations autrefois lancées par Rochefort. Vermorel, qui venait de fonder *l'Ami du Peuple*, n'eut pas de peine à répondre victorieusement à M. Pyat et à le clouer au pilori de l'infamie, en rappelant sa lâcheté en toute circonstance et sa violence hypocrite dans les séances secrètes de la Commission exécutive et de la Commune.

M. Vermorel fut un des membres de la Commune qui protesta le plus vivement contre les suppressions des journaux et contre la dictature de Rigault, qu'il contribua à faire remplacer par Cournet; mais tous les efforts de Vermorel pour faire entrer la Commune dans la voie de la modération échouèrent contre la violence de ses collègues.

Nommé membre de la Commission de sûreté générale, il y fut remplacé par Émile Clément après son vote contre le Comité de salut public et son adhésion au manifeste de la minorité.

Voici en quels termes M. Vermorel, qui avait voté contre la validation des élections complémentaires, formula son vote contre le Comité de de salut public : « En me référant aux motifs énoncés par Andrieu et surtout par le motif que je ne crois pas à l'efficacité du Comité de salut public, ce n'est qu'un mot et le peuple s'est trop longtemps payé de mots, je vote contre. » Il se joignit en outre à la protestation de Tridon contre la funeste création de ce Comité.

Dès ce jour, Vermorel parut, comme ses collègues de la minorité, suspect à la Commune, qui les exclut de toutes les fonctions. L'odieux décret concernant l'exécution des ôtages, comme toutes ces mesures cruelles qui sont l'œuvre des derniers jours de la Commune, ont été prises sans eux, car ils avaient déclaré se retirer des discussions de la Commune pour se consacrer à l'administration de leurs arrondissements ou à la surveillance des opérations militaires.

Vermorel paraissait, à ce moment, découragé et dégoûté de la politique suivie par la Commune, il essaya encore une fois dans un journal, où sa position l'empêchait de signer, *la Justice*, de faire entendre à ses collègues la voix de la modération, mais ceux-ci répondirent à ses conseils en supprimant le journal. Vermorel parcourut alors les avant-postes et se porta aux endroits les plus exposés, dans l'intention évidente d'y trouver la mort qui ne voulut pas de lui mais qui ne l'épargna pas après l'entrée des troupes, puisqu'il fut blessé grièvement à la jambe près de la barricade du Château-d'Ean le vendredi 26 mai.

Transporté à la mairie du 11e, on pansa sa blessure et on le cacha ensuite dans une maison où il resta quelques jours.

Arrêté comme suspect lors des perquisitions qui eurent lieu dans tous les quartiers, il se nomma, et fut transporté à l'hôpital militaire de Versailles, où il expira entre les bras de sa mère, le lundi 20 juin, des suites de sa blessure.

Si l'on peut reprocher à Vermorel d'être resté jusqu'au dernier jour membre de la Commune et de s'être exposé ainsi à se voir englobé dans la réprobation unanime qui s'attachera aux hommes de cette assemblée, on doit cependant reconnaître qu'il en a été l'un des membres les plus modérés.

En effet, quels que puissent être les torts de Vermorel et de certains de ses collègues qui n'ont pas eu le courage ou l'esprit de donner leur démission dès qu'il ont vu la Commune se lancer dans cette voie de représailles sanglantes et de mesures révolutionnaires, qui ont abouti aux crimes les plus horribles, nous ne saurions les rendre solidaires de ces infâmes auteurs de l'incendie de Paris, dont le seul rêve était la destruction de la capitale !

Vermorel est mort regretté de tous ; amis ou ennemis oublièrent cet instant de découragement qui l'avait jeté après coup dans la Commune où il rendit cependant quelques services, puisque bien des gens lui ont dû de ne pas être arrêtés ou fusillés.

Le pauvre garçon, se sentant mourir, n'avait

qu'une préoccupation, c'était de demander qu'on ne le confondît pas avec les assassins et avec les incendiaires : « J'ai fait quelque bien, disait-il, en parlant de son rôle dans la Commune, et j'ai évité beaucoup de mal. »

La presse entière lui a donné des témoignages de sympathie et de regret, qui ont été une suprême consolation pour les amis, et pour la courageuse mère de Vermorel.

VÉSINIER.

1er arrondissement. — 2,626 voix.

Pierre Vésinier, né à Cluny (Saône-et-Loire), en 1826, est un petit être difforme dont Rochefort a tracé le portrait avec autant d'esprit que de méchanceté dans un de ses jours de bonne humeur. Vésinier, qu'il a surnommé *Racine-de-Buis*, est tout contrefait, sa taille, plus que minuscule, est encore diminuée par une énorme bosse qui lui donne une démarche assez grotesque, sans rien lui ôter de son pédantisme et de son arrogance. C'est en effet un des personnages les plus désagréables et les plus grincheux que nous ayons connus, et nous comprenons fort bien qu'on n'ait guère de compassion pour sa difformité, qui n'est qu'un de ses moindres défauts, et qui devrait lui donner un peu de cette humilité, de cette modestie qui sied si bien aux gens ridicules.

Vésinier est un vrai juif errant du journalisme, il a vécu longtemps en exil un peu partout après 1851, et publia à Bruxelles et à Genève de violents pamphlets contre l'Empire, et aussi quelques livres scandaleux, entre autres le *Mariage d'une Espagnole,* dont l'intérêt politique est plus que contestable et la moralité plus que douteuse.

Secrétaire d'Eugène Sue, il collabora aux romans socialistes, les *Mystères du Peuple,* que le célèbre écrivain fit publier à l'étranger et auxquels Vésinier eut la prétention de donner une suite en écrivant les *Mystères du Monde.* Expulsé de la Suisse pour ses ouvrages, Vésinier se réfugia en Belgique, où il fut condamné pour offenses envers Napoléon III.

Il fut ensuite forcé de quitter Bruxelles après sa participation à la grève des mineurs de Charleroi, qu'il défendit énergiquement dans un journal socialiste, la *Cigale.*

Rentré en France, Vésinier collabora au *Rappel,* à la *Réforme,* et se fit remarquer dans les réunions publiques par ses diatribes contre l'Empire, qui lui valurent plusieurs mois de prison passés à Sainte-Pélagie.

Après le 4 septembre, Vésinier fut un de ceux qui attaquèrent avec le plus de violence, dans les journaux, dans les clubs, le gouvernement de la défense, qui venait seulement de prendre le pouvoir et dont il était difficile de juger encore les actes. C'est ainsi qu'il écrivit dans le *Courrier français* un article où il fit preuve de bien peu d'intelligence politique; il y attaquait la convocation à bref délai des électeurs, et l'avenir n'a que trop prouvé qu'une Assemblée nationale élue au lendemain du 4 septembre aurait seule pu sauver la France des malheurs qu'a accumulés sur elle la dictature du gouvernement de la défense.

Vésinier fut un des auteurs du 31 octobre et prit possession ce jour-là de la mairie de Belleville. Poursuivi pour cette affaire, il resta quatre mois en prison et ne fut acquitté que grâce aux explications assez ambiguës mais fort habiles qu'il présenta devant le conseil de guerre.

Après le 18 mars, il n'eut pas de repos qu'il ne fût nommé membre de la Commune. Sa position de rédacteur en chef du *Journal officiel*, qu'il remplissait de ses œuvres et du catalogue de ses ouvrages, ne suffisait pas à son ambition. Il réussit enfin à obtenir deux milliers de voix aux élections complémentaires du premier arrondissement, et n'imita pas MM. Briosne et Rogeard, qui refusèrent un mandat offert par un aussi petit nombre d'électeurs.

Nommé membre de la Commission des services publics, il fut choisi bientôt comme secrétaire de la Commune, puis chargé pour la seconde fois de la rédaction du *Journal officiel*, en remplacement de Longuet.

Vésinier vota pour le Comité de salut public ; dans toutes les occasions il s'est du reste montré un des révolutionnaires les plus violents. Il ne manquait pas d'une certaine intelligence, mais il l'employait à faire aux propositions sensées et modérées une opposition systématique pleine de mauvaise foi. Doué de quelque talent comme écrivain, il n'en fit cependant pas souvent preuve dans *Paris-Libre*, journal qu'il publia sous la Commune. Vésinier parlait assez facilement, mais il était plein de lui-même et s'exprimait avec une emphase qui ajoutait encore au ridicule de sa personne. Il a voulu se glisser dans l'Internationale, dont il a été expulsé par les ouvriers, qui ne lui ont pas pardonné certains livres graveleux publiés, dit-on, en collaboration avec des femmes célèbres par leur galanterie.

Vésinier a réussi, dit-on, à se sauver en Suisse d'où il serait parti pour rejoindre à Londres la petite colonie que quelques membres de la Commune y ont formée.

VIARD.

20e arrondissement. — 6,968 voix.

Viard était un homme d'environ trente ans, gros, large d'épaules; sa tête était campée sur un énorme cou que couvraient ses longs cheveux et son épaisse barbe blonde; il avait la carrure d'un taureau.

Viard était parent de l'inventeur du siccatif qui porte son nom et avait été lui-même négociant. Son élection au Comité central fut le début de sa carrière politique et lui servit d'entrée à la Commune.

Élu aux élections complémentaires du 20e arrondissement, Viard fut nommé délégué aux subsistances et consacra tout son temps à ces difficiles fonctions.

Il s'est jugé lui-même par ces paroles empreintes d'une certaine naïveté : « Je suis jeune, mais je suis pratique. » Viard en effet prouva qu'il n'était pas dénué d'intelligence et de bon sens en déclarant, dans la discussion sur la boulangerie, qu'on n'avait pas à intervenir dans une question entre patrons et employés, et en demandant le rapport du décret prohibant le travail de nuit.

En proposant que le public fût admis aux séances de la Commune, Viard se montrait également plus libéral que la plupart de ses collègues, qui cherchaient à restreindre autant que possible la publicité des discussions.

Nous devons cependant constater que Viard vota sans réserves pour le Comité de salut public et resta jusqu'au dernier jour rallié à cette majorité inepte et souvent cruelle qui dominait dans la Commune et qui y étouffa la voix d'une minorité intelligente et relativement modérée qui n'aurait jamais commis les actes abominables dont tous les membres de la Commune ont endossé, par leur silence ou leur assentiment, la redoutable responsabilité.

APPENDICE

Voici la liste alphabétique des membres de la Commune qui ont refusé le mandat ou qui ont donné à des moments divers leur démission.

1er arrondt,		A. Adam, 7,272 voix, a refusé (1).
1er	—	Barré, 6,294 voix, a refusé.
18e	—	Blanqui, 14,950 voix, absent.
16e	—	De Bouteillier, 1,959 voix, a refusé.
2e	—	Brelay, 7,025 voix, a refusé.
9e	—	Briosne, 2,456 voix, a refusé.
2e	—	Chéron, 6,066 voix, a refusé.
9e	—	Desmarest, 4,232 voix, a refusé.
9e	—	Ferry, 3,732 voix, a refusé.
12e	—	Fruneau, 2,173 voix, démissionnaire.
20e	—	Garibaldi, 6,968 voix, a refusé.
6e	—	Dr Goupil, 5,111 voix, démissionnaire.
7e	—	E. Lefèvre, 2,859 voix, démissionnaire.

(1) Nous disons *a refusé* en parlant de ceux qui ont tout de suite, après les élections ou le lendemain, refusé de siéger à la Commune, et nous appelons *démissionnaires* ceux qui se sont retirés plus tard de la Commune pour des raisons différentes.

6e arrondt, A. Leroy, 5,800 voix, a refusé.
2e — Loiseau-Pinson, 6,962 voix, a refusé.
16e — Dr Marmottan, 2,675 voix, a refusé.
1er — Meline, 7,251 voix, a refusé.
3e — Murat, 3,052 voix, a refusé.
9e — Nast, 3,691 voix, a refusé.
9e — Ulysse Parent, 4,770 voix, démissionnaire.
9e — Ranc, 8,950 voix, démissionnaire.
6e — Dr Robinet, 3,904 voix, a refusé.
1er — Rochard, 6.629 voix, a refusé.
6e — Rogeard, 2,292 voix, a refusé.
2e — Tirard, 6,391 voix, a refusé.

FIN

TABLE

Paris. Imp. Balitout, Questroy et Ce, 7, rue Baillif.

www.ingramcontent.com/pod-product-compliance
Lightning Source LLC
LaVergne TN
LVHW010600110826
845149LV00003B/715

* 9 7 8 2 0 1 9 1 9 1 0 8 5 *